Ein Tag in İSTANBUL

YELDA YILMAZ

Ein Tag in İSTANBUL

Rezepte & Geschichten vom Bosporus

Hölker Verlag

ORTAKOY DUVAR DIBI
ALGIDA

Inhalt

Vorwort

Wenn ich an meine Kindheit und die Sommer in der Türkei zurückdenke, fallen mir unzählig viele Bilder ein: die Feigenbäume meiner Oma, die im Garten stehen, die kilometerweiten, hügeligen Weiden meiner Tante – so schien es mir zumindest als 5-Jährige –, auf denen Esel und Pferde grasten und Kirsch-, Apfel- und Birnenbäume wuchsen, die Sonne, die heiß in die eh schon trockene Erde brannte, und dass jeder Baum eine willkommene Gelegenheit war, sich darunterzuhocken, in den Himmel zu schauen und Wolken zu zählen.

Obwohl ich in Deutschland geboren wurde, hatte ich das große Glück, einen Teil meiner Kindheit an einem der schönsten Flecken der Türkei verbringen zu dürfen. Wir wohnten in Zonguldak, einer Steinkohlestadt direkt am Schwarzen Meer. Überall konnte man von den hohen Hügeln der Stadt in die Weiten des tiefschwarzen Meeres schauen. Die Wochenenden verbrachten wir im Grünen bei meinen Großeltern und manchmal auch in den Dörfern in der Umgebung. Wir machten viele Ausflüge in die dichten Wälder, picknickten und grillten. Oft gab es Fisch, z.B. Hamsi (frittierte Sardellen) oder Palamut (Bonito), und frisches Gemüse.
Essen war nie ein übergroßes Thema, aber es war immer da, ganz selbstverständlich, ganz unprätentiös, ein bisschen wie Atmen. Wichtig zum Leben. Man kam zusammen, um das Leben zu genießen, miteinander zu sein, sich umeinander zu kümmern, und erst heute wird mir bewusst, wie viel Glück ich hatte, all diese Dinge mitbekommen und gelebt zu haben.

MEINE GROSSE LIEBE ZU ISTANBUL

In Istanbul, so sagt man, wird das Unmögliche plötzlich doch möglich. Wohin man auch geht, es könnte schon hinter der nächsten Ecke ein kleines oder großes Wunder auf einen warten.
Das Wissen um die Vergänglichkeit, die Gelassenheit, die Möglichkeiten, das Leben auszuschöpfen und zu genießen, all das macht die Stadt und ihre Bewohner so anziehend. Die Menschen in Istanbul glauben noch an Magie, an die Verwirklichung von Träumen. Sie glauben an Gott, an nichts oder an eine höhere Macht. Sie sind offen, gelassen, gesprächig. Denn ihre Stadt ist laut, chaotisch und fordert Spontanität.

Istanbul beherbergt seit mehr als 2600 Jahren die verschiedensten Bevölkerungsgruppen und Religionen, mal mehr, mal weniger friedlich. Sie war Sitz von römischen, byzantinischen und osmanischen Herrschern. Oft wurde um sie gerungen, sie wurde von Erdbeben heimgesucht, ist halb abgebrannt oder entvölkert worden und daraus, so scheint es, doch immer stärker hervorgegangen.

Wann immer ich in Istanbul bin, fühle ich mich belebt – bereits wenn ich die Stadt aus dem Flugzeug erblicke. Das Bild des Stadtpanoramas, in der die winzigen, kleinen Flächen miteinander wetteifern, gebrochen von den unzähligen Minaretten der Moscheen, hell erleuchtet mit gelben Lichtern, umrahmt vom Meer und dem „yakamoz“ – dem Phänomen des Meeresleuchtens. Niemand kann diesem Bild widerstehen.

So vielfältig und bunt die Geschichte dieser Stadt und ihre Menschen sind, so reich ist auch ihre Küche. Die reichhaltigen und althergebrachten Gerichte sind geprägt von den verschiedensten Einflüssen: von den höfischen Gerichten aus der Zeit des Osmanischen Reichs, von den Zugewanderten, die vom Land in die große Stadt am Bosporus kamen, und von den direkten Nachbarn, wie Bulgaren, Syrer, Griechen oder Armenier – sie alle haben ihr kulinarisches Erbe hinterlassen.

Die Türken lieben gutes Essen. Essen in Gemeinschaft, in großen Runden – sie lieben es, Gastgeber zu sein. Ihre Gewürze, ihre frischen Speisen, Obst und Gemüse direkt vom Baum und aus der Erde, ihren schwarzen Tee und natürlich all die Süßigkeiten.
Essen ist nicht nur Mittel zum Zweck, es ist ein fester Bestandteil des Tages, der gebührend zelebriert wird.

Alles, was ich über das Kochen weiß, habe ich von meiner Mama in die Wiege gelegt bekommen. Sie ist die begnadetste Köchin, die ich kenne. Viele der Rezepte, die in diesem Buch sind, stammen von ihr und ich habe schöne Erinnerungen daran. Nach monatelangen Recherchen und Reisen nach Istanbul war es an der Zeit, alles Gesammelte zu kochen und festzuhalten.
Meine Mama und ich zogen für zwei Wochen zusammen. Wir haben gekocht, probiert, gelacht und fotografiert. Ohne ihre Hilfe wäre dieses Buch ein anderes, es wäre nicht das Buch geworden, das jetzt vor euch liegt.

KAI STRITTMATTER

Gebrauchsanweisung für Istanbul

Ich weiß nicht, warum mein Herz jedes Mal schneller zu schlagen beginnt, wenn ich an der İskele stehe, an der Anlegestelle, wenn die Sirene das Kommen der Fähre ankündigt, lange bevor sie um die Kurve gebogen ist, die der Bosporus vor Yeniköy macht: Weil die Bosporusfähren einer anderen Zeit oder weil sie einer anderen Welt angehörten? Sie transportieren einen nicht einfach, sie entführen einen. Käme einer nach Istanbul und hätte nur ein paar Stunden Zeit im Gepäck, ich würde ihn auf einen dieser alten, eisernen Kähne setzen. Die fahren nicht bloß hoch zum Schwarzen Meer, fahren nicht bloß runter nach Istanbul - sie fahren geradewegs Richtung Nirwana. Man treibt, schaut, meditiert und möchte glucksen vor Glück. Abgetretene Planken, einfache Holzbänke, der einzige Schmuck hier sind die Ketten weiß lackierter Eisennieten, die die fleckigen Fenster umrahmen. Schwärme von Möwen ziehen hinter den Booten her wie einst die Dampfwolke, von der diese ihren Namen haben: Vapur nennt man sie noch heute, das kommt vom französischen vapeur, Dampfer.

Möwenfüttern ist der Morgensport der Passagiere, die ihnen von der Reling aus Stückchen ihres Sesamkringels zuwerfen. Eifrige Matrosen servieren für ein paar Cent kupferfarbenen Tee in kleinen Tulpengläsern und, wenn sie in Kanlıca auf der asiatischen Seite Nachschub an Bord geholt haben, den berühmten Joghurt des Ortes, nicht ohne ihm zuvor eine ihre Hände weiß bestäubende Haube von Puderzucker aufgesetzt zu haben. Manchmal winken Matrosen vom Turm eines U-Boots herüber. Und wenn man es vor lauter Seligkeit schon kaum mehr aushält, dann schicken die übermütigen Götter noch eine Schule Purzelbäume schlagende Delfine in die Bucht von Tarabya. Als den großen Dichter Nâzım Hikmet im bulgarischen Exil sein Sehnen nach Istanbul fast umbrachte, da schrieb er diese Verse:

Nâzim streichelt das Vapur,
seine Hände verbrennen.

Die Vapur sind Fluchtpunkte der Sehnsucht, auch jenen, denen der Alltag ein Ort der Verbannung vom Leben ist.

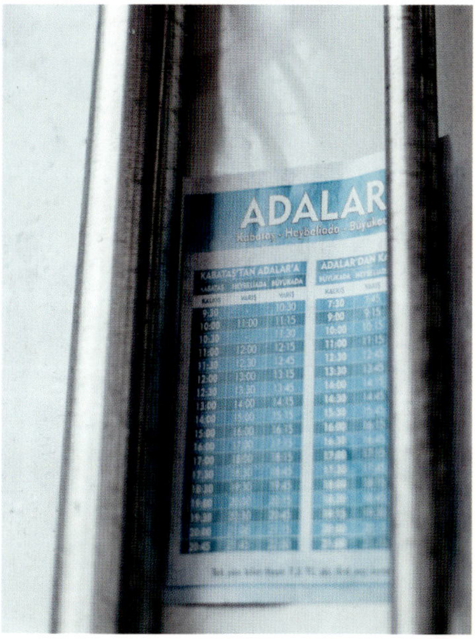
ADALAR
KABATAŞ'TAN ADALAR'A

Cola

FIRE
PLAN
MAX. 285
BÜYÜK CAN YELEĞİ :300 AD.
ÇOCUK CAN YELEĞİ : 20 AD.

ALTINDADIR.

Sabah Güneşi

MORGENSONNE

Çay

TÜRKISCHER TEE

Auch wenn Kaffee auf eine weitreichende Geschichte zurückblicken kann, ist türkischer Tee der wichtigste Bestandteil der türkischen Kultur. Seinen Gästen Tee anzubieten – und das zu wirklich allen Anlässen und zu jeder Tageszeit wie zum Frühstück, zwischendurch oder sogar abends –, ist ein wichtiger Teil der türkischen Gastfreundschaft.
Wer authentischen Çay zubereiten möchte, braucht zweifelsohne einen Çaydanlık, eine Abwandlung des Samowar. Er besteht aus zwei Kesseln, dem kleineren für das Teekonzentrat, dem Demlik („Aufbrüher"), und dem größeren für das Wasser. Beide Behälter werden übereinandergestapelt. Das sehr starke Teekonzentrat und das Wasser mischt man erst im Glas. So lässt sich die Stärke des Tees je nach Geschmack variieren. Der Çay wird gern aus kleinen Gläsern getrunken, weil man ihn so immer heiß und frisch genießen kann. Einen Çaydanlık gibt es im gut sortierten türkischen Supermarkt. Auch die kleinen Tulpengläser sind dort sicherlich leicht zu beschaffen.

ZUTATEN

türkischer Schwarztee
(je 1 TL pro Glas)
Würfelzucker

Außerdem:

Çaydanlık
Teesieb

Den losen Tee in der gewünschten Menge in den kleinen Teekessel geben und mit kaltem Wasser übergießen, um ihn zu befeuchten. Dieses Wasser wieder abgießen.

Den großen Kessel mit kaltem Wasser füllen und mit dem kleineren Kessel bedecken. Das Wasser bei hoher Temperatur aufkochen. Anschließend bis zum oberen Rand in den kleinen Kessel gießen. In dem großen Kessel sollte noch etwas Wasser übrig geblieben sein. Die Temperatur reduzieren und den Tee etwa 15 Minuten ziehen lassen. Sobald die Teeblätter nicht mehr auf der Wasseroberfläche schwimmen, ist der Tee fertig.

Das Teekonzentrat aus dem kleinen Kessel durch ein Teesieb in ein Tulpenglas gießen, bis dieses zu etwa einem Drittel gefüllt ist. Mit dem restlichen kochenden Wasser aufgießen. Wer seinen Tee gern stärker trinkt, darf natürlich die Menge des Konzentrats seinen Präferenzen anpassen.

Tipp: Je länger der Tee im Kessel zieht, desto stärker und bitterer wird er. Man serviert ihn mit 1–2 Stück Würfelzucker pro Glas.

Simit

SESAMKRINGEL

Denkt man an Istanbul und seine Straßen, so denkt man gleichzeitig auch an die zahlreichen Simit-Verkäufer mit ihren knusprigen, goldbraunen Sesamkringeln. Simit gibt es immer und überall, zu jeder Tageszeit. Nicht nur klassisch zum Frühstück, auch zum schwarzen Tee als kleine Zwischenmahlzeit ist Simit sehr beliebt.
Ist die Zutat Pekmez nicht verfügbar, kann man ruhigen Gewissens auch zu Zuckerrübensirup greifen. Dieser karamellisiert während des Backens und macht das Gebäck leicht süß.

Für 8 Kringel

ZUTATEN

Für den Teig:
1 EL Traubensirup (Pekmez)
10 g frische Hefe oder ½ Pck. Trockenhefe
500 g Mehl plus etwas für die Arbeitsfläche
1 TL feines Meersalz
etwas Öl zum Fetten

Für die Sesamschicht:
250 g Sesamsamen
150 g Traubensirup (Pekmez)

Für den Teig Traubensirup und 50–60 Milliliter Wasser in eine kleine Schüssel geben, Hefe darin auflösen. Wenn die Hefe schäumt, noch einmal 250 Milliliter Wasser zugießen.

Mehl und Salz in einer Schüssel vermengen, die Hefemischung zugeben und rühren, bis ein grober Teig entsteht. Diesen auf einer bemehlten Arbeitsfläche weitere 6–8 Minuten kneten. Die Schüssel mit Öl bestreichen, den Teig hineinlegen, mit Frischhaltefolie bedecken und so lange gehen lassen, bis sich sein Volumen verdoppelt hat.

In der Zwischenzeit die Sesamsamen in einer breiten beschichteten Pfanne etwa 20 Minuten bei mittlerer Hitze rösten. Dabei regelmäßig rühren, damit alle Samen gleichmäßig bräunen. Danach in einen tiefen Teller geben und abkühlen lassen.

Den Teig durchkneten, dann in ca. 90 Gramm schwere Stücke teilen. Zu Kugeln formen, ruhen lassen.

Für die Sesamschicht den Traubensirup mit 100 Milliliter Wasser vermengen. Anschließend zwei bis drei Backbleche mit Backpapier auslegen. Den Backofen auf 220 °C vorheizen.

Die Teigkugeln jeweils zu einem dünnen, langen Strang ausrollen. In der Mitte falten, beide Stranghälften nebeneinanderlegen und zusammendrücken. Die Enden fassen und in entgegengesetzte Richtungen drehen. Zu einem Ring verbinden. Die Teigringe jeweils komplett in die Sirup-Wasser-Mischung tauchen, abtropfen lassen und vorsichtig in den Sesamsamen wälzen. Mit den Händen den Sesam behutsam festdrücken und dabei den Durchmesser der Ringe auf jeweils etwa 12 Zentimeter bringen. Auf die Backbleche verteilen, dabei darauf achten, dass zwischen den Ringen genügend Abstand bleibt. Im Ofen etwa 15 Minuten backen, bis die Ringe goldbraun und durchgebacken sind. Abkühlen lassen.

iddaa
YENİ
GALATA
SPOR
TOTO

TAŞ FIRIN
SIMITI
1 TL
JENERATOR

Menemen

RÜHREI MIT TOMATEN UND PAPRIKA

Türkisches Menemen ist ein leckeres Gericht für jedermann und genau das Richtige für einen guten Start in den Tag. Alles, was man dafür braucht, sind eine Handvoll Gemüse – grüne Spitzpaprika und Tomaten – und ein paar Eier.

Für 2 Personen

ZUTATEN

1–2 EL Butter
3 grüne Spitzpaprika
3 mittelgroße Tomaten
3 Eier
Salz
frisch gemahlener schwarzer Pfeffer
1 Prise Paprikapulver (rosenscharf) nach Belieben

Die Butter in einer mittelgroßen Pfanne bei mittlerer Hitze zerlassen. Die Spitzpaprika von Samen und Scheidewänden befreien und in feine Streifen schneiden. Die Tomaten über Kreuz einschneiden, mit heißem Wasser übergießen, häuten und in mittelfeine Würfel schneiden.

Die Paprika in der Pfanne 3–4 Minuten andünsten. Die Tomaten zugeben. Den Pfannendeckel auflegen und das Ganze je nach Konsistenz und Saftigkeit der Tomaten etwa 10 Minuten köcheln lassen. Gelegentlich rühren und dabei darauf achten, dass die Flüssigkeit der Tomaten nicht komplett verdunstet. Sobald die Tomaten zerfallen sind, die Eier zugeben. Ein- bis zweimal, aber auf keinen Fall zu oft, umrühren. Mit Salz, Pfeffer und eventuell einer Prise Paprikapulver würzen. Die Pfanne vom Herd nehmen, wenn das Eiweiß gestockt ist. Das ist wichtig, da die Eier in der heißen Tomatensoße weitergaren.

Tipp: Das türkische Rührei wird auch gerne mit Zwiebeln und Knoblauch variiert. Wer keine Spitzpaprika findet, kann selbstverständlich rote Paprika verwenden.
Idealerweise genießt man das Ei mit einer Simit oder einem Stück Fladenbrot. Wer mag, serviert dazu frisch gehackte Petersilie.

Kaymak

RAHM

Kaymak ist vergleichbar mit der englischen „clotted cream“. Der Rahm stammt ursprünglich aus der westanatolischen Stadt Afyon, wo er traditionell mit Büffelmilch zubereitet wird. Der in türkischen Supermärkten angebotene industriell hergestellte Kaymak schmeckt anders und hat eine andere Konsistenz. Die Zubereitung zu Hause ist zeitaufwendiger, dafür ist das Ergebnis aber unfassbar lecker. Für Kaymak kann man auch Kuhmilch verwenden, die allerdings einen etwas weniger intensiven Geschmack und eine gelblichere Färbung ergibt. Die Zubereitung wird im Ganzen zwei Tage brauchen. Also Geduld – aber unbedingt ausprobieren, es macht süchtig!

Für etwa 350 g

ZUTATEN

3 l Büffelmilch, nicht pasteurisiert oder unter 64 °C pasteurisiert, unbedingt nicht homogenisiert

Die Milch in eine ofenfeste hohe Form oder in einen Topf geben. Im Backofen auf der mittleren Schiene bei 80–90 °C mindestens 10 Stunden simmern lassen. Die Masse darf zu keiner Zeit aufkochen, daher ist es wichtig, dass die Temperatur unter 100 °C bleibt.

Am Ende der Garzeit hat sich eine dicke Schicht gebildet – der Kaymak. Vor dem Abschöpfen muss die Form zunächst komplett auskühlen und dann noch einmal mindestens 8 Stunden im Kühlschrank kalt gestellt werden.

Tipp: Die entstandene Schicht lässt sich gut mit einer langen Nadel oder einem Zahnstocher vom Rand des Topfes lösen. Kaymak genießt man zum Frühstück mit Honig oder pur. Er kann aber auch zu Desserts gereicht oder zur Verfeinerung von Soßen verwendet werden. Im Kühlschrank hält er sich etwa eine Woche frisch.

Katmer

PFANNENBROT

Katmer werden aus einem sehr einfachen, aber unglaublich leckeren Teig gemacht. Gibt man diesem ein wenig Zeit zum Ruhen, ist er im Gegenzug mindestens genauso geduldig und lässt sich kinderleicht verarbeiten. Die klassische Füllung für Katmer ist Haşhaş, Mohnpaste. Auch zerlassene Butter oder eine Mischung aus Traubensirup (Pekmez) und Tahin (Sesampaste) sind leckere Varianten. Ich persönlich mag am liebsten die Kombination aus Pekmez, Tahin und geschälten Pistazien.

Für 3 Fladen

ZUTATEN

Für den Teig:

500 g Weizenmehl plus etwas für die Schüssel und für die Arbeitsfläche
1 TL Salz

Varianten für die Füllung:

100 g zerlassene Butter
oder
100 g zerlassene Butter
100 g Mohnpaste
oder
100 g zerlassene Butter
100 ml Traubensirup (Pekmez)
100 ml Tahin (Sesampaste)
1 Handvoll gehackte Pistazien

Für den Teig Mehl, Salz und 250 Milliliter Wasser am besten mithilfe einer Küchenmaschine etwa 15 Minuten zu einem Teig kneten. Diesen in eine bemehlte Schüssel geben, mit Frischhaltefolie bedecken und mindestens 30 Minuten ruhen lassen.

Für die Füllung die Butter in einem kleinen Topf zerlassen. Nach Belieben mit den restlichen Zutaten vermengen.

Den Teig dritteln und die Teile jeweils zu Kugeln formen. Nacheinander auf einer bemehlten Arbeitsfläche zu sehr dünnen Teigfladen ausrollen. Die Fladen, die mindestens einen Durchmesser von 40 Zentimetern haben sollten, großzügig mit der gewünschten Füllung bestreichen. Jeweils von einem Rand aus aufrollen und die Rolle zu einer Schnecke formen. Die einzelnen Schnecken zu Fladen (Ø 20 Zentimeter) ausrollen. Durch die Schneckenform bekommt das Brot hinterher eine schöne blättrige Konsistenz.

Eine beschichtete Pfanne bei mittlerer Temperatur erhitzen. Die Fladen darin etwa 5 Minuten von jeder Seite braten, bis sie goldbraun sind. Noch heiß servieren.

Reçeller

KONFITÜRE

Gelierzucker ist in der türkischen Küche nicht gängig, daher neigen türkische Konfitüren dazu, sehr flüssig zu sein. Es ist fast so, als würden komplette Fruchtstücke in einem Zuckersirup schwimmen. Die Fruchtaufstriche bedienen also eher die zuckrige Seite, was Süßmäuler freuen dürfte. Es hindert euch aber nichts, die Zuckermenge an eure Gaumen anzupassen.

Kuru İncir Reçeli

KONFITÜRE AUS GETROCKNETEN FEIGEN

Für 2 Gläser à 250 ml

ZUTATEN

250 g Zucker
500 g getrocknete Feigen
Saft von ½ Zitrone
100 g geröstete Sesamsamen

Zucker und 750 Milliliter Wasser in einem Topf verrühren und bei mittlerer Hitze zum Kochen bringen. Die Temperatur reduzieren und die Flüssigkeit etwa 15 Minuten zu einem Sirup einkochen lassen.

In der Zwischenzeit die Feigen vierteln. Zu dem fertigen Sirup geben und bei niedriger Temperatur etwa 10 Minuten weich werden lassen. Die Temperatur erhöhen und das Ganze noch einmal aufkochen lassen. Den Zitronensaft zugießen und weitere 3 Minuten sprudelnd kochen lassen. Zum Schluss den Sesam zugeben. Nach einer Gelierprobe die Konfitüre in sterile Gläser füllen.

Fındık Reçeli

HASELNUSSKONFITÜRE

Für 2 Gläser à 250 ml

ZUTATEN

500 g geschälte Haselnüsse
500 g Zucker
1 Zimtstange
Bio-Orangenschalen nach Belieben
Saft von ½ Zitrone

Den Backofen auf 150 °C vorheizen. Die Nüsse auf ein mit Backpapier belegtes Backblech geben und im Ofen rösten, bis sie anfangen zu duften und eine schöne Farbe bekommen. Zur Seite stellen und auskühlen lassen.

Die Nüsse in einen hohen Topf geben, mit dem Zucker bestreuen und mindestens 1 Tag ziehen lassen. So werden die Nüsse weich und der Zucker karamellisiert.

Nach dieser Ruhezeit den Topf mit 500 Milliliter Wasser auffüllen, die Zimtstange und nach Belieben fein gehackte Orangenschalen zugeben und das Ganze bei mittlerer Hitze zum Kochen bringen. Etwa 2 Stunden köcheln lassen, bis die Mischung eine sirupartige Konsistenz bekommt. Dabei gelegentlich umrühren.

Den Zitronensaft zufügen und das Ganze 3 Minuten sprudelnd kochen. Den Topf vom Herd nehmen und die Konfitüre in sterile Gläser füllen.

Ayva Reçeli

QUITTENKONFITÜRE

Für 2 Gläser à 250 ml

ZUTATEN

4 Quitten
800 g Zucker
8 Nelken
Saft von ½ Zitrone

Die Quitten mit einem trockenen Tuch kräftig abreiben, damit sich der pelzige Flaum auf der Schale löst. Dann die Früchte waschen, schälen und vierteln. Die Kerne entfernen. Die Quittenviertel in die gewünschte Größe schneiden.

Die Quittenstücke in einen großen Topf geben. Mit dem Zucker bestäuben und 3–4 Stunden ziehen lassen.

Die gezuckerten Quitten in einem großen Topf mit 800 Milliliter Wasser und den Nelken bedecken. Das Ganze bei mittlerer Hitze einmal aufkochen, dann bei niedriger Temperatur 30–40 Minuten köcheln lassen, bis die Quitten weich werden. Die Temperatur erhöhen und den Topf noch einmal zum Kochen bringen.

Den Zitronensaft zugeben und die Mischung 3 Minuten sprudelnd kochen. Den Topf vom Herd nehmen und die Konfitüre in sterile Gläser füllen.

Portakal Kabuğu Reçeli

ORANGENMARMELADE

Für 2 Gläser à 250 ml

ZUTATEN

2,5 kg Bio-Orangen
1 kg Zucker
500 ml Orangensaft
Saft von ½ Zitrone

Außerdem:

1 Nadel
1 kochfesten Faden

Die Orangen heiß abwaschen, trocken tupfen und mit einem Sparschäler die Schale möglichst am Stück dünn vom Fruchtfleisch schälen. Sollte noch weiße Haut zu sehen sein, vorsichtig herausfiletieren.

Die Schalen jeweils zu einer kleinen Schnecke aufrollen und diese am Ende mit einer Nadel und einem längeren kochfesten Faden durchstechen. Mit demselben Faden auch die anderen Schnecken befestigen, sodass sie am Ende eine lange Kette bilden. Das Ende der Kette gut zubinden.

Die Orangenschalen in einem Topf mit Wasser aufgießen und alles zum Kochen bringen. Danach das Wasser abgießen. Diesen Kochvorgang insgesamt dreimal wiederholen. Auf diese Weise wäscht sich das Bittere aus den Schalen heraus und sie werden weich.

Das Orangenfruchtfleisch entsaften. Zucker und Orangensaft zu den Schalen geben und das Ganze bei mittlerer Hitze zum Kochen bringen. Die Temperatur reduzieren und die Flüssigkeit köcheln lassen, bis sie eine sirupartige Konsistenz bekommt. Sollte Schaum auf dem Wasser entstehen, diesen vorsichtig abschöpfen.

Den Zitronensaft zugeben und eine Gelierprobe machen. Zum Schluss den Faden zerschneiden und an einer Seite aus den Schalen ziehen. Die Marmelade in sterile Gläser füllen.

BASTER

Mantı
Yufka
KABATAŞ'IN ÇELEBİSİ
SÜLEYMAN SEBA

YEDİ-SEKİZ
HASANPAŞA
KURU PASTA FIRINI TEL. 161 97 66
8

Çılbır

POCHIERTE EIER AUF JOGHURT

Wem pochierte Eier nicht gelingen oder wer sie als zu aufwendig empfindet, kann für dieses Gericht natürlich auch weich gekochte Eier verwenden. Allerdings geben pochierte Eier dieser Speise das gewisse Etwas. Also am besten doch einmal diese Variante ausprobieren!

Für 2 Personen

ZUTATEN

300 g stichfester Joghurt (z. B. griechischer Joghurt)
Salz
Saft und Abrieb von ½ Bio-Zitrone
4 EL Butter
½ TL Paprikapulver (rosenscharf)
½ TL Pul Biber (Chiliflocken)
100 ml Essig
2 Eier
2 EL fein gehackte glatte Petersilie nach Belieben

Den Joghurt nach Geschmack salzen. Zitronensaft und -abrieb zugeben und alles gut vermengen. Auf zwei Schalen oder zwei Teller verteilen.

Die Butter in einer Pfanne bei hoher Temperatur zerlassen. Paprikapulver und Chiliflocken einrühren und die Pfanne beiseitestellen.

In einem mittleren Topf 1 Liter Wasser mit dem Essig aufkochen. Die Eier einzeln in Tassen schlagen, dann jeweils vorsichtig ins leicht siedende Wasser gleiten lassen. Mit einer kleinen Kelle auffangen. Etwa 5 Minuten pochieren, anschließend vorsichtig aus dem Wasser schöpfen.

Jeweils ein Ei auf dem Joghurt platzieren und großzügig mit der Buttersoße beträufeln. Nach Belieben mit Petersilie garnieren. Dazu krosses Fladenbrot servieren.

Kusbaşılı Pide

FLADEN MIT LAMMGULASCH

Ich bin noch nie jemandem begegnet, der Pide nicht mag. Diese kleinen gefüllten Teig-Boote sind so vielfältig, dass man jeden damit glücklich machen kann. Die wohl beliebteste Füllung ist würziges Hackfleisch. Aber die Auswahl bleibt jedem selbst überlassen – Feta und Spinat, Gouda, Ei oder Kartoffeln, es ist alles erlaubt.

Für 2 Personen

ZUTATEN

Für den Teig:
21 g Hefe (½ Würfel)
1 TL Zucker
320 ml lauwarmes Wasser
500 g Mehl plus etwas mehr für die Arbeitsfläche
1 TL Salz

Für die Füllung:
400 g Lammfleisch (Keule oder Schulter)
1 Zwiebel
3 mittelgroße Tomaten
3 grüne Spitzpaprika
1 EL Tomatenmark
1 TL Kreuzkümmel
1 TL Paprikapulver (rosenscharf)
Olivenöl zum Fetten und Braten
Salz
frisch gemahlener schwarzer Pfeffer
1 Ei pro Fladen, nach Belieben
50 g Butter

Für den Teig Hefe und Zucker in 160 Milliliter lauwarmen Wasser auflösen, etwa 5 Minuten ruhen lassen. In einer Schüssel Mehl und Salz gut vermischen. Eine Mulde bilden, Hefemischung und noch einmal 160 Milliliter Wasser hineingeben. Die Zutaten zu einem glatten Teig verkneten und zu einer Kugel formen. Schüssel und Teig mit Olivenöl bepinseln. Die Schüssel mit Frischhaltefolie bedecken und an einem warmen Ort etwa 1 Stunde gehen lassen, bis sich der Teig verdoppelt hat.

Für die Füllung das Lammfleisch abspülen, trocken tupfen und in 1 Zentimeter große Würfel schneiden. Die Zwiebel schälen und fein hacken. Die Tomaten in Würfel schneiden. Die Paprika halbieren, putzen und fein schneiden.

In einer Pfanne Zwiebeln und Paprika in reichlich Olivenöl mit dem Tomatenmark bei mittlerer Hitze etwa 10 Minuten andünsten. Das Lammfleisch zugeben und von allen Seiten braten, bis es gleichmäßig Farbe angenommen hat.
Die Temperatur reduzieren. Die Tomaten in die Pfanne geben und mit geschlossenem Deckel so lange garen, bis sie zerfallen. Mit Kreuzkümmel, Paprikapulver, Salz und Pfeffer würzen. Umrühren und die Pfanne vom Herd nehmen.

Den Hefeteig durchkneten, in acht gleichmäßige Stücke teilen und zu kleinen Kugeln formen. 15 Minuten ruhen lassen. In der Zwischenzeit den Backofen auf 220 °C vorheizen.

Die Kugeln auf einer bemehlten Arbeitsfläche zu 2–3 Millimeter dünnen, ovalen Fladen formen. Das Lammfleisch darauf verteilen. Die Ränder des Teiges an den Längsseiten zweimal nach innen klappen. Nach Belieben noch jeweils ein Ei über die Fladen geben.

Die Pide auf einem mit Backpapier ausgelegten Backblech 15–20 Minuten backen, bis die Ränder goldbraun sind.

Vor dem Servieren die Butter in einer Pfanne zerlassen und die Ränder der Fladen reichlich damit bestreichen. Noch heiß servieren. Dazu passt am besten Ayran (siehe Seite 129).

Gözleme

GEFÜLLTE FLADENBROTE MIT FETA UND SPINAT

Gözleme sind anatolische, meist mit vegetarischen Zutaten gefüllte Fladen, die mit einem sehr einfachen Teig hergestellt und auf einem Saç, einer gewölbten Platte, auf Holzkohle gebraten werden. Man kann sie aber auch bestens in einer beschichteten Pfanne zubereiten. Perfekt für ein alternatives Frühstück am Wochenende!

Für 6 Fladen

ZUTATEN

Für den Teig:
500 g Weizenmehl plus etwas für die Schüssel und die Arbeitsfläche
1 TL Salz

Für die Füllung:
500 g frischer Spinat
500 g Feta
2 EL fein gehackte glatte Petersilie
Salz
frisch gemahlener schwarzer Pfeffer

Für den Teig Mehl, 250 Milliliter lauwarmes Wasser und Salz am besten mithilfe einer Küchenmaschine etwa 15 Minuten zu einem Teig verkneten. In eine bemehlte Schüssel geben, diese mit Frischhaltefolie bedecken und den Teig mindestens 30 Minuten ruhen lassen.

Für die Füllung den Spinat gut waschen und putzen. Dann in einem größeren Topf in kochendem Wasser 3–4 Minuten blanchieren. Abgießen und auskühlen lassen.

Den Spinat noch einmal ausdrücken, grob hacken und in eine Schüssel geben. Den Feta in grobe Stücke zerteilen und mit der Petersilie unter den Spinat heben. Mit Salz und Pfeffer würzen und beiseitestellen.

Den Teig in sechs gleichmäßige Stücke teilen und diese zu Kugeln formen. Auf einer bemehlten Arbeitsfläche nacheinander zu jeweils etwa 30 Zentimeter großen Fladen ausrollen. Eine Hälfte des Fladens mit der Füllung belegen, zusammenklappen und die Ränder gut festdrücken. Mit den restlichen Fladen ebenso verfahren.

Eine beschichtete Pfanne bei mittlerer Temperatur erhitzen. Die Gözleme-Fladen darin nacheinander von jeder Seite goldbraun braten. Noch warm servieren.

ADNAN ÖZYALÇINER

Der Bazar

Es war ein altes, riesiges Gebäude. Das ist wahr. Doch von außen war das kaum auszumachen. „Das ist eben der Bazar", sagten die Leute. „Das sind unsere Bazarhallen, mein Lieber." „So groß wie eine Stadt, eine richtige Stadt." „Der Bazar ist ein alter, ziemlich großer Han (Han: weitläufig gebaute, türkische Herberge, Karawanserei), das ist alles." „Er hat viele Kuppeln. Und wie viele! Eben. Deshalb sieht er so riesig aus." „Gestern sind wir mit der ganzen Familie auf den Turm gestiegen. Mit Kind und Kegel. Oh, wie haben wir uns gefreut! Er ist so groß wie eine Stadt. Aber es war, als existierte nichts, niemand. Oben wir. Und unten die Stadt. Und der Bazar so groß wie eine Stadt. Ein riesiger, lebloser Steinhaufen. Weit ausgedehnt, aber tot. Ein wachsender Toter, einer, der aus den Nähten platzt. Nur wir waren lebendig. Wir auf dem Turm. Die ganze Familie. Lebendig und groß."

Drinnen war es dunkel und kühl. Er war voller Menschen. Im Bazar gab es eine Unmenge Tore. Sie führten hinaus in die von Tauben bevölkerten Innenhöfe der Moscheen, in die Teegärten, auf die meilenlangen Asphaltstraßen vor vielstöckigen Apartmenthäusern, die das Auge ermüden, hinaus in die brennende Sonnenglut, auf die Gassen am Meer, in die langfädigen Regengüsse, auf eine Gruppe von Bäumen zu, die ihre Blätter fallen ließen, auf einen einsamen Platz mit Straßenverkäufern und Zeitungskiosken an den Ecken, hin zu Rentnern, die auf den Bänken eingenickt waren, und Straßenkehrern, die den ganzen Tag Staub aufwirbelten, sie führten in den Abendstunden zu den schlecht gepflasterten, engen Gassen mit den Holzhäusern, zu den verfallenen Mauern, den lärmerfüllten Haltestellen, aber auch zu den Arbeitsplätzen, die man morgens mit frisch gewaschenem, rosigem Gesicht betritt und abends mit schwärzlich-grünen - nicht erblassten, eher vergifteten - Zügen und mit gekrümmtem Rücken und Trauerrändern unter den länger gewordenen Fingernägeln wieder verlässt. Jedes der Tore führte in eine andere Jahreszeit. So war das Gebäude nicht nur riesig, sondern auch von unendlicher Zeitlosigkeit - unsterblich.

Niemand wusste, wer es errichtet hatte und wann es erbaut worden war. Es hieß, man werde es schon herausfinden, durchforschte man nur in den Bibliotheken die Bücher in altosmanischer Schrift. Und manche Forscher machten sich tatsächlich an diese Arbeit. Sie durchstöberten alle alten Schriftstücke, versahen sie mit Zetteln, nummerierten sie, doch vergebens. Nun redete man auch noch von alten Büchern, deren Titel man kannte, die jedoch verschollen waren. In einem dieser Bücher musste es stehen. Doch in welchem verschollenen Buch nur, in welchem Magazin, welcher Bibliothek?

So war es einfach nicht möglich, dem Bazar seine ursprüngliche Form zurückzugeben und seine historische Ordnung wieder aufleben zu lassen.

Und dennoch konnte man Bazar und Menschen nicht einfach sich selbst überlassen. Eine Reihe von Regeln war nötig für Käufer und Verkäufer. Diese Regeln, aufgestellt von der Stadtverwaltung, unter Berücksichtigung neuester wissenschaftlicher Erkentnisse, gewährleisteten das gesellschaftliche Gleichgewicht und beugten dem Chaos vor.

Ganz gleich, was man tat, dem Diebstahl konnte man nicht beikommen. Kleider nach neuestem Schnitt, Schmuckstücke aus wertvollen Metallen und kostbaren Steinen, tags zuvor dort verkauft, wo die Tore des Bazars zu den lärmerfüllten Haltestellen und den sonnenüberfluteten Asphaltstraßen mit den vielstöckigen Apartmenthäusern hinausführten, wurden am Tage danach offen zum Verkauf angeboten, und zwar dort, wo die Tore zu den schlecht gepflasterten, engen, verregneten Gassen führten. Deshalb entschloss sich die Stadtverwaltung, wohl oder übel, dieses Gebiet zum Gebrauchtwarenmarkt zu erklären. Nagelneue Kleider, welche feine Leute tags zuvor trugen, verhökerte man am nächsten Tag zerlumpt, verfleckt und mit saubohnengroßen Läusen in Achseln und Nähten an Arbeiter. Goldene Reifen und Ringe bei Soirees und nächtlichen Vergnügungen von jenen Damen getragen, deren Gesichter kunstvoll geschminkt sind und die in ihren Apartments den lieben langen Tag nichts anderes tun als gähnen, ihre fetten Hunde streicheln, Tee trinken und klatschen, diese Schmuckstücke wurden tags darauf in einem Zustand angeboten, als wären sie Imitationen oder aus Blech, das, kaum in Wasser getaucht, schwarz anläuft - so schief und verbeult war dieser Schmuck. Und handelte es sich um Broschen aus Diamanten oder Brillanten, so sahen diese Steine wie Glasscherben aus, matt und farblos.

Zigeunerinnen, die mit einem grünen Basilikumzweiglein, einer roten Rose oder weißen Nelke hinterm Ohr oder ans Kopftuch geheftet Schmutz oder Makel korrigieren wollten und Arbeiterfrauen mit abgetretenen Schuhen und Umhängetüchern, verblichen wie ihre Gesichter, aber auch Dienstmädchen und Huren erstanden diesen Krempel mit viel Geschrei an den Ladentischen.

Diese Ordnung des Bazars brachte jedem das, was er suchte. Der Stadtverwaltung, dem Volk und auch den feinen Leuten. Die feinen Leute konnten die ihnen am Vortag gestohlenen Kleider wieder durch neue ersetzen. Dadurch wurden ihre Kleider nie altmodisch. Jeden Tag konnten sie dem allerletzten Schrei folgen. Auch das Volk freute sich. Kleider, um die man eben noch die feinen Leute beneidet hatte, konnte man tags darauf, ein bisschen ramponiert und abgetragen zwar, nun erwerben und selbst anziehen. Man konnte wie jene damit ins Kino gehen, Sonnenblumenkerne

knabbern, im gleichen Bus fahren, Schulter an Schulter, ein Lächeln andeuten - der eine im alten, der andere im neuen Gewand, hier ein Hungriger, dort ein Satter, hier ein Armer, dort ein Reicher. Was waren die Diebe doch für kluge Menschen! Sie bekleckerten Ärmel und Kragen der gestohlenen Kleider, zerknitterten sie oder trennten auch dieses und jenes Teil ab. Nun waren sie nicht mehr so leicht zu erkennen und konnten zum Verkauf angeboten werden. Auf diese Weise war auch weiterhin der Unterschied zwischen Arm und Reich mit bloßem Auge erkennbar. Hätte es keine Angst vor Festnahmen gegeben und wären die Kleider, so wie sie gestohlen wurden, wieder verkauft worden, dann wäre ja der sichtbare Unterschied zwischen Arm und Reich verwischt worden. Bei gleichartig schönen, sauberen und gut sitzenden Kleidern hätte ja niemand mehr gewusst, wer nun gebildet, wer unwissend, wer voller Läuse und wer ohne war. Schließlich war es auch so, dass die feinen Leute, gerade weil sie auf ihre Sachen nicht achtgaben - was davon herrührte, dass sie zu viel Geld hatten - und weil sie so taten, als bemerkten sie nichts, Diebe und Diebstahl begünstigten.
Wenn Sie also den Bazar von den schlecht gepflasterten, verregneten Gassen her betreten, dann finden Sie dort blecherne, in Goldwasser getauchte Reifen und Ringe, Brillantimitationen aus Glasscherben, die so matt sind, dass sie kein Licht reflektieren, große Ketten aus Talismansteinen, Geschäfte von Altkleiderhändlern, beleuchtet von Birnen mit so geringer Wattzahl, dass sie wie tote Augen glimmen, oder Schuhe, die wie verendete Katzen oder verwesende Tauben in den Schaukästen ausliegen. Wenn Sie weitergehen, werden Sie plötzlich in farbenprächtigen, von Neonlicht bestrahlten Schaufenstern makellose Kleider und Hemden entdecken, die gerade die Schneiderpuppe verlassen haben; Sie werden Schuhe sehen, deren Spitzen im Licht glitzern, und dann werden Sie auch das gleißende Funkeln goldener Armreifen und der Brillanten und Perlenketten erleben. Das heißt aber, dass Sie sich nun weit von jenem Tor entfernt haben, durch das Sie den Bazar betraten, und bereits am anderen Tor angekommen sind. Wenn Sie hier hinausgehen, treffen Sie sofort auf sauber gekleidete Menschen, die sich sputen, um an diesem Sonnentag Kühlung am Meeresufer zu suchen. Und Sie geraten zwischen Autos, Busse, Apartmenthäuser, auf Asphaltstraßen und unter Menschen, Menschen, Menschen.
Niemand durfte diese Ordnung stören. Die mit ihrer Einhaltung beauftragten Wächter im Bazar verrichteten ihre Arbeit recht ordentlich. Bis dato hatte noch niemand beobachtet, dass sie bei der geringsten Verfehlung ein Auge zugedrückt hätten. So hatte einmal ein Armer zu Hause gesessen und dann eine vom Vater vererbte Schäferkutte in lauter Einlagesohlen für Schuhe zerschnitten.
Nun versuchte er, sie dort bei den Juweliergeschäften zu verkaufen.

„Wollene Filzeinlagen für die Schuhe. Filzeinlagen aus Wolle." Obwohl er den ganzen Tag rief, hatte sich kein Käufer gezeigt. Hätte er nur seine Augen von den Gold- und Diamantenklunkern, die ihn blendeten, losreißen können und hätte er aufs Tor geblickt, dann hätte er auch verstanden, warum hier niemand seine Filzeinlagen eines Blickes würdigte. Auch blendeten ihn die Strahlen der Sonne. Erst beim Ruf des Bazarwächters: „Mensch, bist du denn immer noch da!", kam er wieder zu sich und machte sich aus dem Staub.
Zur selben Zeit bot dort, wo die in Goldwasser getauchten Blechringe und die alten Klamotten feilgeboten werden, ein anderer künstliche Feldblumensträuße an. Obwohl er seit dem Morgen unentwegt mit lauter Stimme seine Blumen angepriesen hatte, hatte sie keiner eines Blickes gewürdigt. Das Wetter war umgeschlagen und seine Füße waren eiskalt. Da es heftig regnete, hatte er sich schon bei der Ankunft nasse Füße geholt. Als er den Bazarwächter von fern her kommen sah, nahm er seine Beine unter den Arm und entfernte sich schleunigst.
So liefen vom unteren Ende des Bazars der Filzsohlenverkäufer und vom oberen der Kunstblumenanbieter aufeinander zu. Genau in der Mitte des Bazars begegneten sie sich. In sicherer Entfernung vor den Wächtern hatten beide ihr Tempo verlangsamt. Sie hatten sogar damit begonnen, mit verhaltenen Rufen ihre Waren erneut anzubieten. Weil der Blumenhändler so kalte Füße hatte, starrte er gebannt auf die Filzeinlagen. Und weil der andere dort am unteren Ende ein wenig von der Sonne gekostet hatte und weil es Sommer war, brannte sein Herz vor Verlangen nach weiter Steppe und Feldblumen. Nun kramten sie gleichzeitig nach Geld in ihren Taschen und streckten sich, dort in der Bazarmitte, die leeren, knochigen Hände entgegen. Da standen sie nun, genau in der Mitte, stumm und wie versteinert in ihrer seit Jahren angehäuften Schmach. Gemessenen Schritts näherten sich den beiden, zum Denkmal Erstarrten, nun von den Enden her zwei Wächter. Einen Schritt vor ihnen platzten sie los: „He, ihr ehrloses Pack!"
Da zerfiel das Doppeldenkmal schnell in seine Bestandteile. Der Blumenverkäufer hielt auf einmal die in der Sonne warm gewordenen Filzsohlen in den Händen, und der Filzeinlagenverkäufer trug plötzlich die schlangenkalten Plastiksträuße. Und sie gingen ihren gewohnten Weg: Der Blumenverkäufer hin zum Sommerhimmel bei den Juwelieren, der Filzsohlenhändler zum feuchten Winterhimmel der Altwaren.
So hatten die Wächter ihre Pflicht erfüllt und die Ordnung bewahrt. Jetzt konnte der eine beruhigt sein Kinn kratzen, der andere dagegen seinen Schnurrbart zwirbeln.

Tarihi Eminönü Balık Ekmek

Öğlen Sıcağı

MITTAGSHITZE

Havuçlu Mücver

KAROTTENPUFFER

Auf meinen kulinarischen Streifzügen durch Istanbul kam ich nicht um das Restaurant „Maya“ herum. Das Lokal ist über Istanbul hinaus berühmt für seine Zucchinipuffer. Leider ist das Lokanta Maya seit August 2016 geschlossen. Dieses Rezept ist eine Adaption der atemberaubenden Version der Köchin Didem Senol. Statt der Karotten könnt ihr selbstverständlich originalgetreu Zucchini verwenden. Dann solltet ihr aber Folgendes beachten: Die geriebenen Zucchini in einem Sieb 30 Minuten abtropfen lassen und vor der Weiterverarbeitung noch einmal gut auswringen.

Für 4–6 Personen

ZUTATEN

1 kg Karotten
Salz
3 Lauchzwiebeln
1 Bund glatte Petersilie
4 Eier
150 g Feta
200 g Weizenmehl
1 TL Backpulver
frisch gemahlener schwarzer Pfeffer
Sonnenblumenöl zum Braten

Die Karotten putzen und grob reiben. Großzügig salzen und beiseitestellen. Die Lauchzwiebeln ebenfalls putzen und in feine Ringe schneiden. Die Petersilie waschen, trocken schütteln und fein hacken.

Die Eier in einer kleinen Schale verquirlen, dann zu den Karotten geben. Den Käse zerbröckeln und darüber verteilen. Mehl, Backpulver, Lauchzwiebeln und Petersilie zugeben und alles gut vermengen. Großzügig mit Pfeffer würzen. Die Schüssel mit Frischhaltefolie abdecken und 30 Minuten im Kühlschrank ruhen lassen.

In einer gut beschichteten tiefen Pfanne reichlich Sonnenblumenöl bei hoher Temperatur erhitzen, dann die Hitze reduzieren. Jeweils 1 Esslöffel der Karottenmischung in die Pfanne geben und den Puffer von beiden Seiten etwa 4 Minuten goldbraun braten. Die fertigen Puffer auf Küchenpapier abtropfen lassen. Mit Naturjoghurt und Zitronenschnitzen servieren.

Engi̇har Salatası

ARTISCHOCKENSALAT

Für 2 Personen

ZUTATEN

Für den Salat:
200 g Feldsalat (oder Blattsalat der Saison)
1 kleiner Apfel
Saft von ½ Zitrone
1 kleine rote Zwiebel
Salz
150 g Zuckerschoten
200 g Artischockenherzen (eingelegt oder frisch)
1 Scheibe Weißbrot
Olivenöl zum Braten

Für das Dressing:
Saft von 1 Zitrone
3–4 EL Olivenöl
Salz
frisch gemahlener schwarzer Pfeffer
1 EL Granatapfelsirup (Nar ekşisi)

Den Feldsalat putzen, gründlich waschen und trocken schleudern. Den Apfel waschen, entkernen und in feine Scheiben raspeln. Mit dem Zitronensaft beträufeln. Die Zwiebel schälen, halbieren und in feine Halbringe schneiden. Alle Salatzutaten in eine Schüssel geben und gut vermengen.

In einem Topf Wasser mit Salz zum Kochen bringen. Die Zuckerschoten putzen und im kochenden Wasser 3–4 Minuten blanchieren. In kaltem Wasser abschrecken, abtropfen lassen und zu den übrigen Zutaten geben.

Für das Dressing Zitronensaft, Olivenöl, Salz, Pfeffer und Granatapfelsirup verrühren und den Salat damit anmachen.

Die Artischockenherzen halbieren und in einer Pfanne in heißem Olivenöl kurz stark anbraten. Herausnehmen und beiseitestellen. Das Weißbrot würfeln und in der Pfanne in heißem Öl ebenfalls kross braten. Den Salat auf zwei Teller verteilen und mit Artischockenherzen und Croûtons servieren.

Levrekli Sarma

MIT BARSCH UND REIS GEFÜLLTE WEINBLÄTTER

Klassisch werden gefüllte Weinblätter mit Reis gefüllt, je nach Region gibt es aber auch andere Vorlieben, wie zum Beispiel Reis und Hackfleisch oder auch Nüsse und Korinthen. In unserer Familie wurden sie immer ohne Fleisch zubereitet und entweder kalt als Snack oder warm als Hauptmahlzeit genossen. Dazu eine Joghurtsoße – herrlich!
Bereits vorblanchierte Weinblätter gibt es in jedem gut sortierten türkischen Supermarkt. Ihr könnt aber auch je nach Saison frische Weinblätter, Grünkohl- oder Mangoldblätter verwenden.

Für 4–6 Personen

ZUTATEN

Für die Weinblätter:
250 g Weinblätter
Salz
1 Zwiebel
Olivenöl plus etwas zum Braten
250 g Langkornreis
½ Bund frischer Dill
½ Bund glatte Petersilie
50 g Korinthen
frisch gemahlener schwarzer Pfeffer
1 TL gemahlener Kreuzkümmel
1 TL getrocknete Minze
1 Prise Zucker
1 Barschfilet à 300 g
Saft von 1 Zitrone

Für die Soße:
200 g Vollmilchjoghurt
Salz
frisch gemahlener schwarzer Pfeffer
Saft von ½ Zitrone

Frische Blätter müssen zuvor blanchiert werden. Dafür die Blätter putzen und den Strunk entfernen. In einem Topf Wasser und Salz zum Kochen bringen und die Blätter darin 4–5 Minuten blanchieren. Anschließend in eiskaltem Wasser abschrecken. Bereits vorblanchierte Weinblätter 30 Minuten in warmes Wasser legen, danach gut abwaschen, und trocken tupfen.

Für die Füllung die Zwiebel schälen und hacken. In reichlich Olivenöl bei mittlerer Hitze anschwitzen, bis sie glasig sind. Den Reis unter fließendem Wasser waschen und abtropfen lassen. Zu den Zwiebeln geben und etwa 10 Minuten mitdünsten.

Dill und Petersilie abbrausen, trocken tupfen und hacken. Kräuter und Korinthen zum Reis geben. Mit Salz, Pfeffer, Kreuzkümmel, Minze und Zucker würzen.

Das Barschfilet abbrausen, dann trocken tupfen. In winzige Würfel schneiden und unter den Reis heben.

Einen großen Topf mit Weinblättern auslegen. Eines der übrigen Blätter mit der glatten Seite nach unten auf die Arbeitsfläche legen. Auf das breite Ende 1 Esslöffel der Füllung geben. Die langen Blattseiten jeweils über die Füllung klappen und das Blatt zur Spitze hin aufrollen. Mit den restlichen Blättern ebenso verfahren.

Die Weinblätter mit der Nahtstelle nach unten kreisförmig in einen Topf setzen. Mit Zitronensaft und 5–6 Esslöffel Olivenöl beträufeln und mit Wasser aufgießen, bis alle Blätter bedeckt sind. Die Weinblattpakete mit einem Teller beschweren. Aufkochen, dann zugedeckt bei geringer Hitze etwa 45 Minuten fertig schmoren.

Für die Soße den Joghurt aufschlagen und mit Salz, Pfeffer sowie Zitronensaft abschmecken. Die Weinblätter warm oder kalt mit der Joghurtsoße servieren.

Mercimek Dondurması

LINSENMUS MIT KARAMELLISIERTEN ZWIEBELN

Dieses Gericht stammt von Sahrap Soysal, der Martha Stewart der Türkei. Sie ist Autorin zahlreicher Kochbücher und Kolumnen sowie Fernsehköchin. Auf meiner letzten Istanbul-Reise stieß ich zufällig auf ihr Restaurant. Eine sehr herzliche Person nahm mich in Empfang. Wir kamen ins Gespräch, auch über dieses Buch. Sie bot mir an, mich durch Istanbul zu führen und mir einige kulinarische Highlights der Stadt vorzustellen. Ich erfuhr erst am Ende unserer Unterhaltung, dass es Sahrap Soysal persönlich war. Was für eine tolle Frau! Ich ließ es mir selbstverständlich nicht nehmen, sie um ein typisches Rezept zu bitten. Und hier ist es: ein Derwisch-Gericht, perfekt als Meze.

Für 4–6 Personen

ZUTATEN

Für das Mus:
1 große Zwiebel
350 g rote Linsen
75 g Langkornreis

Für die Soße:
6-7 Zwiebeln
5 EL Olivenöl
2 Knoblauchzehen
1 TL gemahlener Kreuzkümmel
½ TL Paprikapulver (rosenscharf)
1 TL Salz
1 gehäufter EL Zucker

Für das Mus die Zwiebel schälen und im Ganzen mit Linsen und Reis in einen Topf geben. Mit Wasser auffüllen, bis die Mischung knapp bedeckt ist. Bei mittlerer Hitze so lange garen, bis alles weich ist.

Währenddessen für die Soße die Zwiebeln schälen, halbieren und in grobe Scheiben schneiden. In einer großen Pfanne in heißem Olivenöl bei hoher Temperatur anbraten, dann die Hitze reduzieren. Die Knoblauchzehen schälen und klein hacken. Mit den Gewürzen und dem Zucker unterrühren und das Ganze schmoren, bis die Zwiebeln zerfallen und eine sämige Konsistenz bekommen.

Die ganze Zwiebel aus dem Topf entfernen. Linsen und Reis zu einem Mus pürieren. Vor dem Anrichten abkühlen lassen, dann das Mus in eine Schale geben und mit den karamellisierten Zwiebeln bedecken.

Tipp: Wer mag, kann mit einem Eisportionierer Kugeln aus dem Mus formen und diese mit je 4 Esslöffel Soße garnieren. So wird dieses Gericht jedenfalls in Sahraps Lokal angeboten. Wörtlich übersetzt bedeutet der Name dieser Speise „Linsen-Eis“.

Piyaz

WEISSER BOHNENSALAT

Diese Vorspeise kann zu fast allen Fleischgerichten gereicht werden und lässt sich je nach Geschmack unterschiedlich variieren. Einzige Voraussetzung für diesen Salat sind zwei Dinge: über Nacht eingeweichte Bohnen und das fruchtig-saure Gewürz Sumak, im Deutschen auch bekannt als Gerber-Sumach. Ob mit roter oder weißer Zwiebel, mit oder ohne Tomate, mit Oliven oder fein gehacktem Kopfsalat – der eigenen Fantasie sind keine Grenzen gesetzt.

Für 4 Personen

ZUTATEN

350 g getrocknete weiße Bohnen
1 große Zwiebel
1 große Tomate
½ Bund glatte Petersilie
1 EL Sumak
1 TL Pul Biber (Chiliflocken)
1 EL Salz
1 EL Zucker
Saft von 2 Zitronen
5 EL Olivenöl

Die Bohnen unter fließendem Wasser in einem Sieb gründlich abspülen. Abtropfen lassen, über Nacht in reichlich Wasser einweichen lassen. Ihr Volumen soll sich mindestens verdoppeln.

Nach der Einweichzeit die Bohnen noch einmal gut abspülen. In einem großen Topf mit ausreichend Wasser bei hoher Temperatur zum Kochen bringen, danach die Hitze reduzieren. Je nach Sorte 45–60 Minuten weich kochen. Sie sollten jedoch nicht breiig werden. Danach abkühlen lassen.

In der Zwischenzeit die übrigen Zutaten vorbereiten: Die Zwiebel schälen, halbieren und der Länge nach in feine Scheiben schneiden. Die Tomate vierteln, vom Stielansatz und den Kernen befreien und würfeln. Die Petersilie abbrausen und trocken schütteln. Die Blätter abzupfen und fein hacken.

Zwiebelscheiben, Tomatenwürfel und Petersilie mit den Bohnen in eine Schüssel geben. Mit den Gewürzen und dem Zucker vermengen und mit Zitronensaft und Olivenöl abrunden. Vor dem Servieren den Salat noch einmal gut durchrühren.

Turşu

GEMÜSE IN ESSIG-SALZ-LAKE

Zu den typischen Zutaten dieser Vorspeise gehören Weißkohl, Karotten, grüne Bohnen, grüne Tomaten, Gurken und grüne Spitzpaprika. Das Gemüse sollte in jedem Fall noch schön knackig sein. Große Stücke unbedingt mit einer Nadel oder der Spitze eines Messers einstechen, damit die Flüssigkeit einziehen kann. Wer gerne etwas Schärfe hat, kann 2–3 Chilischoten zugeben, aber Vorsicht, der Geschmack intensiviert sich mit der Zeit stark.

Für ein Glas mit
3 l Volumen

ZUTATEN

250 ml Apfelessig
3 EL grobes Meersalz
etwa 1 kg junges Gemüse (z. B. Weißkohl, Karotten, Spitzpaprika, Rote Bete, grüne Bohnen)
4–5 Knoblauchzehen

In einem großen Topf 1 Liter Wasser aufkochen, dann abkühlen lassen. Mit Essig und Salz vermengen, dabei kräftig rühren, bis sich das Salz aufgelöst hat.
Ein großes Einmachglas mit heißem Wasser sterilisieren. Es sollte einen Schraub- oder Bügelverschluss haben, damit keine Luft eindringen kann.

Das Gemüse putzen und dabei harte Strünke entfernen. Große Stücke etwas zerkleinern: Knollengemüse und Karotten in dicke Scheiben schneiden, Bohnen und Spitzpaprika halbieren. Die Knoblauchzehen schälen.

Das Gemüse und den Knoblauch bunt durcheinander in das Glas schichten. Dabei darauf achten, dass keine Hohlräume entstehen. Mit dem Essigwasser bis zum Rand aufgießen und das Glas verschließen. Sollte das Gemüse das Glas nicht komplett ausfüllen, zum Beschweren einen kleinen Teller daraufsetzen und erst dann den Deckel schließen. Nach etwa 20 Tagen ist das Gemüse servierfähig.

Midye Dolması

GEFÜLLTE MIESMUSCHELN

Auch wenn man sich Istanbuls Straßen nicht ohne die zahlreichen Muschelstände vorstellen kann, war meine Angst immer zu groß, mir durch diesen Imbiss eine kleine Lebensmittelvergiftung einzuhandeln. Da die Zubereitung aber tatsächlich nicht schwierig ist, empfehle ich jedem, dieses Gericht einmal auszuprobieren. Frische Miesmuscheln riechen nach Meer und Algen. Die Schalenhälften sind fest verschlossen. Sind sie geöffnet und schließen sich nicht bei leichtem Klopfen, sind sie ungenießbar und müssen entsorgt werden.

Für 4 Personen

ZUTATEN

35–40 nicht zu kleine Miesmuscheln (800–900 g)
1 EL Salz
180 g Reis
4 EL Olivenöl
½ TL Pul Biber (Chiliflocken)
1 TL gemahlener schwarzer Pfeffer
2 TL gemahlener Kreuzkümmel
½ TL Salz
1 TL Paprikapulver (rosenscharf)
1 Handvoll Korinthen nach Belieben

Außerdem:
Zitronenspalten zum Garnieren

Die Muscheln unter fließend kaltem Wasser waschen, gründlich säubern und die Bärte entfernen. Offene und beschädigte Muscheln aussortieren. 500 Milliliter Wasser mit Salz in einem großen Topf zum Kochen bringen. Die Muscheln zugeben und abgedeckt etwa 5 Minuten kochen lassen, bis sie sich öffnen. In einem Sieb abkühlen lassen. Geschlossene Muscheln aussortieren.

Für die Füllung den Reis waschen und gut abtropfen lassen. In einer Pfanne in 3 Esslöffel heißem Olivenöl 3–4 Minuten andünsten. Pul Biber, Pfeffer, Kreuzkümmel, Salz, Paprikapulver und nach Belieben Korinthen unterrühren. Etwa 150 Milliliter Wasser zufügen und das Ganze rund 10 Minuten mit geschlossenem Deckel köcheln lassen. Der Reis muss bissfest bleiben, da er später in den Muscheln weitergart. Zum Abkühlen beiseitestellen.

Mit einem Messer die Muscheln aufschneiden. Beide Hälften jeweils in die entgegengesetzte Richtung drehen, sodass sich der Muskel löst. Je 1 Esslöffel der Reismischung auf das Fleisch setzen und die Muschel wieder schließen. Die gefüllten Muscheln in einem Topf eng aneinanderreihen.

Die Muscheln mit 500 Milliliter Wasser und dem restlichen Olivenöl aufgießen. Mit einem flachen Teller beschweren. Bei niedriger Temperatur 30 Minuten garen.

Die Muscheln mit den Zitronenspalten garnieren und lauwarm oder kalt servieren.

BEYOGLU
FİRUZAĞA CAMİİ ŞERİFİ
HİCRİ 896 MİLADİ 1491

Punch
OCB
J'EXISTE.

Ezmeler

DIPS

Havuç Ezmesi

KAROTTEN MIT JOGHURT

Havuç Ezmesi ist ein Klassiker meiner Kindheit. Oft gab es diesen Dip zu frittierten Auberginen, Zucchini und Hirtensalat.

ZUTATEN

500 g Karotten
Salz
3 EL Olivenöl
1 Handvoll fein gehackte Walnusskerne nach Belieben
1–2 Knoblauchzehen
500 g Vollmilchjoghurt

Die Karotten putzen und fein reiben. Mit Salz bestreuen und in einer Pfanne in heißem Olivenöl bei mittlerer Hitze andünsten, bis sie leicht zerfallen. Sie sollten jedoch noch etwas Biss haben. Auskühlen lassen.

Die Walnüsse in einer Pfanne ohne Fett rösten. Den Knoblauch schälen und in einem Mörser zerreiben. In einer Schüssel Joghurt und Knoblauch verrühren und mit Salz würzen. Die Karotten und die Walnüsse zugeben. Zum Schluss den Dip noch einmal abschmecken.

Borani

JOGHURTSOSSE MIT PAPRIKA

Diese Joghurtvorspeise wird oft mit Spinat zubereitet. Das Rezept stammt aus dem Restaurant „Akın Balık“ an der Promenade in Karaköy und wird mit angebratenen Spitzpaprika und viel Paprikapulver zubereitet.

ZUTATEN

250 g grüne Spitzpaprika
50 ml Sonnenblumenöl
2 TL Paprikapulver (rosenscharf)
1 TL Pul Biber (Chiliflocken)
2 Knoblauchzehen
500 g Joghurt
1 TL Salz

Die Paprika von Samen und Scheidewänden befreien und in große Stücke schneiden. In einer Pfanne in heißem Sonnenblumenöl etwa 5 Minuten scharf anbraten. Mit Paprikapulver und Chiliflocken würzen. Die Hitze reduzieren und das Gemüse weiter dünsten, bis es weich ist. Die Pfanne vom Herd nehmen und abkühlen lassen.

Den Knoblauch schälen und fein reiben. Den Joghurt in eine Schüssel geben, Knoblauch, Salz und die Paprika mit dem Öl zufügen und alles gut verrühren. Kalt servieren.

Pastırmalı Humus

HUMMUS MIT PASTIRMA

ZUTATEN

250 g getrocknete Kichererbsen
1 TL Natron
2 Knoblauchzehen
250 g Tahin (Sesampaste)
Saft von 2 Zitronen
1 TL Salz
3 EL Butter
4–5 Scheiben Pastırma (Rinderschinken – erhältlich im türkischen Supermarkt)
1 Handvoll Pinienkerne
1 Handvoll geschälte Pistazien
Paprikapulver (rosenscharf)

Die Kichererbsen über Nacht in Wasser einweichen, dann abgießen. In einem großen Topf mit Natron vermengen und mit etwa 1,5 Liter Wasser aufgießen. Bei hoher Temperatur zum Kochen bringen, dann die Hitze reduzieren und die Kichererbsen 30–40 Minuten weich garen.

Die weich gekochten Kichererbsen in einem Sieb abtropfen lassen. Alle weiteren Zutaten bereitstellen. Den Knoblauch schälen und grob hacken. Die Kichererbsen in einer Schüssel mit einem Stabmixer pürieren. Während des Püriervorgangs Tahin, Zitronensaft, Knoblauch, Salz und etwas kaltes Wasser zugeben und gut untermischen. Die Schüssel mit Frischhaltefolie bedecken und mindestens 30 Minuten im Kühlschrank ruhen lassen.

In der Zwischenzeit die Butter in einer Pfanne zerlassen. Pastırma in grobe Stücke schneiden. Mit Pinienkernen, Pistazien und Paprikapulver in die Pfanne geben und bei mittlerer Hitze kross anbraten.

Hummus in einer Schale anrichten und mit der Pastırma-Butter garnieren. Dazu passt Fladenbrot.

Hibeş

SESAMPASTE MIT OLIVENÖL UND ZITRONE

ZUTATEN

3 Knoblauchzehen
150 g Tahin (Sesampaste)
2 TL gemahlener Kreuzkümmel
1 TL Paprikapulver (rosenscharf)
Saft von 2 Zitronen
100 ml Olivenöl plus etwas zum Garnieren
1 TL Salz

Außerdem:

Zitronenspalten zum Garnieren

Den Knoblauch schälen und im Mörser zerkleinern. Tahin, Knoblauch, Kreuzkümmel und Paprikapulver in einer Schüssel vermischen. Nach und nach Zitronensaft und Olivenöl einrühren. Erst zum Schluss das Salz zugeben, damit die Mischung nicht zu fest wird.

Mit Olivenöl und Zitronenspalten garnieren.

Tarama

FISCHROGEN-AUFSTRICH

ZUTATEN

2 Scheiben Weizenbrot vom Vortag
100 ml Milch
100 g Lachseier
200 ml Olivenöl
2 TL Paprikapulver (edelsüß)
Saft von 1–2 Zitronen

Das Brot von der Rinde befreien. Das Brotinnere klein zupfen und in eine Schüssel geben.

Die Milch in einem kleinen Topf zum Kochen bringen, dann über das Brot gießen. Die Lachseier zugeben und mit einer Gabel zerdrücken.

Nach und nach das Olivenöl einrühren. Mit Paprikapulver und Zitronensaft würzen. Da die Lachseier salzig genug sind, muss man diesen Aufstrich nicht salzen.

Mastabe

MANGOLD-JOGHURT-DIP

ZUTATEN

400 g Mangold
Salz
500 g Vollmilchjoghurt
3 Knoblauchzehen
2–3 EL Schwarzkümmelsamen
Olivenöl

Den Mangold putzen, dabei den harten Strunk entfernen. Stiele und Blätter grob schneiden und in einem Topf mit Wasser und Salz zum Kochen bringen. Etwa 5 Minuten blanchieren, dann in eiskaltem Wasser abschrecken. Gut abtropfen lassen und zum Auskühlen beiseitestellen.

Den Joghurt in einer Schüssel gut durchrühren. Den Knoblauch fein reiben, den Mangold fein hacken und beide Zutaten mit dem Joghurt vermengen. Zum Servieren mit Schwarzkümmel bestreuen und mit Olivenöl garnieren.

Girit Ezmesi

KÄSE-DIP

ZUTATEN

100 g Tulum-Käse*
100 g fester Feta
100 g Walnusskerne
½ Bund glatte Petersilie
50 g Quark (20 %)
1 TL Pul Biber (Chiliflocken)
1 TL getrockneter Thymian
Olivenöl

Die beiden Käsesorten zerkleinern und in eine Schüssel füllen. Die Walnusskerne grob hacken. Die Petersilie abbrausen, trocken schütteln und fein hacken. Nüsse, Kräuter und Quark zum Käse geben. Mit Pul Biber und Thymian würzen und die Mischung mit den Händen gut verkneten. Mit Olivenöl anrichten.

***Frischkäse aus roher Ziegenmilch, erhältlich an der Frischetheke türkischer Supermärkte)**

TELEKOM

Taratorlu Kalamar Tava

TINTENFISCHRINGE MIT TARATOR-DIP

Das A und O einer krossen, leckeren Calamari-Pfanne ist die Marinade und die Zeit, in der die Tintenfischringe darin ruhen können. Hilfreich ist auch, ein Schneidebrett aus Marmor zu benutzen, da Holzbretter schnell Gerüche annehmen.

Für 2 Personen

ZUTATEN

Für die Calamari:

500 g frische Calamari, gesäubert
1 TL Natron
1 TL Zucker
Saft von ½ Zitrone
200 ml Mineralwasser (alternativ Milch)
neutrales Pflanzenöl zum Braten
Mehl für die Panade

Für die Soße:

3 Knoblauchzehen
2 Handvoll Walnusskerne
2–3 Scheiben Brot vom Vortag
2–3 EL Olivenöl
1 Prise Salz
frisch gemahlener schwarzer Pfeffer
einige Zweige Koriander nach Belieben

Außerdem:

Zitronenspalten zum Garnieren

Die Calamari unter fließendem Wasser waschen, trocken tupfen und in etwa 1 Zentimeter dicke Ringe schneiden. In einer Schüssel mit Natron, Zucker und Zitronensaft mindestens 5 Minuten mit den Händen durchkneten. Mit Mineralwasser (oder Milch) aufgießen, mit Frischhaltefolie bedecken und mindestens 2 Stunden im Kühlschrank ruhen lassen. Das Marinieren kann auch gut über Nacht geschehen.

Inzwischen für die Soße die Knoblauchzehen schälen. Mit den Walnusskernen in einem Küchenzerkleinerer fein hacken. Das Brot von der Rinde befreien und die Krume zerteilen. Die Brotstückchen zusammen mit 5 Esslöffel Wasser und dem Olivenöl zugeben. Das Ganze noch einmal gründlich hacken und mit Salz, Pfeffer und nach Belieben mit Koriander würzen.
Zum Braten der Calamari reichlich Öl in einer hohen Pfanne oder in einem Topf erhitzen. Die Calamari werden darin frittiert und dürfen dabei den Boden nicht berühren. Eine flache Schale mit Mehl füllen. Die Tintenfischringe nacheinander bemehlen, abklopfen und portionsweise im heißen Fett 2–3 Minuten goldbraun backen. Auf Küchenkrepp abtropfen lassen.

Noch heiß mit der Soße und einigen Zitronenspalten servieren.

Kabak Çiçeği Dolması

GEFÜLLTE ZUCCHINIBLÜTEN

Zucchiniblüten sind hierzulande im Gegensatz zur Türkei nicht ganz einfach zu bekommen. Im Sommer kann man sie im eigenen Garten pflücken. Wenn das Gemüse Saison hat, sind aber auch die meisten Markt-Bauern bereit, die Blüten auf Bestellung zu besorgen. Einfach mal nachfragen!

Für 4 Personen

ZUTATEN

½ Bund glatte Petersilie
250 g Labneh (libanesischer Frischkäse)
100 g Tulum-Käse
Salz
frisch gemahlener schwarzer Pfeffer
1 TL Pul Biber (Chiliflocken)
1 Prise Sumak
1 Handvoll gehackte Pistazien
Abrieb und Saft von ½ Bio-Zitrone
12 Zucchiniblüten
300 g Mehl
3 EL Olivenöl
1 Ei
Sonnenblumenöl zum Frittieren

Außerdem:

Zitronenspalten und Meersalz zum Garnieren

Die Petersilie abbrausen, trocken schütteln und fein hacken. Labneh, Tulum-Käse und Petersilie vermengen, mit Salz, Pfeffer, Pul Biber, Sumak und Pistazien sowie dem Zitronenabrieb und -saft abschmecken. Die Füllung in einen Spritzbeutel ohne Lochtülle geben.

Die Zucchiniblüten öffnen und die Fruchtknoten abnehmen. Die Füllung in die Blüten spritzen. Zum Verschließen der Blüten die Blütenspitzen zusammendrehen.

Für die Panade Mehl, Öl, 200 Milliliter warmes Wasser und das Ei vermengen. Eine tiefe Pfanne mit Sonnenblumenöl auf 180 °C erhitzen. Die Blüten samt Früchten in der Panade wälzen, sodass alles gut bedeckt ist.

Die Blüten etwa 3 Minuten frittieren, bis sie von allen Seiten knusprig und hellbraun sind. Auf Küchenpapier abtropfen lassen. Noch heiß mit Zitronenspalten und Meersalz servieren.

İçli Köfte

MIT HACKFLEISCH GEFÜLLTE BULGURKLÖSSE

Für 4–6 Personen

ZUTATEN

Für die Füllung:

1 mittelgroße Zwiebel
2 EL Olivenöl
1 EL Butter
400 g Hackfleisch (vom Lamm oder vom Rind und Lamm)
50 g Walnusskerne
1 TL Salz
1 TL weißer Pfeffer

Für den Teig:

450 g feiner Bulgur
1 TL Salz
100 g Weizenmehl
75 g Weizengrieß
1 EL Tomatenmark
1 EL Paprikamark (Biber Salçası)
2 Eier
neutrales Pflanzenöl zum Braten

Außerdem:

Salatblätter und Zitronenspalten zum Garnieren

Für die Füllung die Zwiebel schälen und fein hacken. In einer großen Pfanne Olivenöl und Butter erhitzen. Die Zwiebel darin glasig schwitzen. Dann das Hackfleisch zugeben und so lange braten, bis es zerfällt.

Die Walnusskerne grob hacken und unter das Fleisch rühren. Mit Salz und Pfeffer würzen. Die Pfanne vom Herd nehmen und die Füllung am besten über Nacht, aber mindestens 5 Stunden ruhen lassen.

Für den Teig 500 Milliliter Wasser zum Kochen bringen. In einer Schüssel den Bulgur mit Salz vermischen und mit dem kochenden Wasser bedecken. Nach Packungsanleitung ziehen lassen, dann zum Auskühlen beiseitestellen.

Den abgekühlten Bulgur mit Mehl, Grieß, Tomaten- und Paprikamark sowie den Eiern verkneten. Eine kleine Schale mit Wasser vorbereiten und die Hände damit befeuchten. Aus dem Teig walnussgroße Kugeln formen. In jede der Kugeln mit dem Finger vorsichtig eine Mulde drücken. Mit einem Esslöffel die Füllung in die Mulde geben, die Kugeln wieder schließen und die „Naht“ mit ein wenig Wasser glatt streichen.

Die Bulgurköfte in einer großen Pfanne in reichlich heißem Öl bei mittlerer Temperatur etwa 5 Minuten von jeder Seite goldbraun braten. Da alle Zutaten schon vorgegart sind, reicht es, wenn sie etwas Farbe bekommen.

Sofort mit Salatblättern und Zitronenspalten servieren.

GÜL BABA
34 TCB 26

Lahmacun

MIT FLEISCH BESTRICHENER FLADEN

Anders als vielfach verbreitet, ist Lahmacun keine türkische Pizza. Zwar ist der Teig einer Pizza sehr ähnlich, allerdings werden die dünn ausgerollten Fladen vor dem Backen mit einem Ragout aus Hackfleisch, Zwiebeln und Tomaten bestrichen. Serviert wird Lahmacun mit frischer Petersilie und Zitronenspalten. Wer es gern scharf mag, streut einfach noch etwas Pul Biber darüber.

Für 8–10 Lahmacun

ZUTATEN

Für den Teig:
21 g frische Hefe
1 EL Zucker
500 g Weizenmehl plus etwas für die Arbeitsfläche
1 TL feines Meersalz
1–2 EL Sonnenblumenöl plus etwas für die Schüssel

Für den Belag:
3 große rote Zwiebeln
5 große gehäutete Tomaten
2–3 dünne grüne Spitzpaprika
½ Bund glatte Petersilie
1 Knoblauchzehe
2 EL Tomatenmark
1 EL Paprikamark (Biber Salçası)
1 TL Thymian
1 TL feines Meersalz
½ TL Pul Biber (Chiliflocken)
frisch gemahlener schwarzer Pfeffer
1 TL Sumak
250 g feines Lamm-Hackfleisch
50 ml Sonnenblumenöl

Außerdem:
Zitronenspalten, Sumak, Chiliflocken und fein gehackte Petersilie zum Servieren

Für den Teig Hefe und Zucker in etwa 100 Milliliter lauwarmem Wasser auflösen und etwa 5 Minuten gehen lassen.

Mehl und Salz vermengen. Öl, 250 Milliliter Wasser und die Hefemischung zugeben und alles gut durchkneten. Auf einer leicht bemehlten Arbeitsfläche ausbreiten und etwa 8 Minuten kneten, bis ein elastischer, glatter Teig entstanden ist. In einer dünn mit Öl ausgestrichenen Schüssel gehen lassen, bis sich das Volumen verdoppelt hat.

In der Zwischenzeit für den Belag die Zwiebeln schälen. Die Tomaten und die Zwiebeln auf einer Küchenreibe grob reiben. Die Paprika von Samen und Scheidewänden befreien und fein schneiden. Die Petersilie abbrausen, trocken schütteln und fein hacken. Nach Belieben 1 Knoblauchzehe schälen und fein hacken. Das Gemüse in eine große Schüssel geben und das Tomaten- und Paprikamark, die Gewürze, das Hackfleisch und das Öl zufügen. Alle Zutaten sorgfältig vermengen.

Den Backofen auf 200 °C vorheizen. Den Teig auf einer dünn bemehlten Arbeitsfläche noch einmal gut durchkneten. In 8–10 Kugeln teilen und diese jeweils zu einem im Durchmesser etwa 20 Zentimeter großen Fladen ausrollen. Einen der Fladen auf ein mit Backpapier belegtes Backblech setzen. Mit einem Löffel die Hackmischung bis zum äußersten Rand verstreichen. Den Fladen im Ofen 7–8 Minuten backen, bis er schön kross ist. Mit den übrigen Fladen ebenso verfahren. Die fertigen Lahmacun auf einem Teller übereinanderstapeln, damit sie länger warm bleiben.

Beim Servieren Zitronenspalten, Sumak, Chiliflocken und Petersilie dazu reichen.

Tipp: Die Fladen lassen sich auch in einer gut beschichteten Pfanne auf dem Herd ausbacken. Bei mittlerer Hitze die Lahmacun in einer nicht geölten Pfanne zugedeckt 3-4 Minuten braten, bis die Unterseite leicht angebräunt ist.

Çorbalar

SUPPEN

Tarhana Çorbası

TOMATEN-JOGHURT-SUPPE

Tarhana ist eine vergorene und getrocknete Mischung, aus der man eine sehr leckere Suppe zaubern kann. Das Granulat diente früher als Vorrat für den Winter. Zugegeben, das Rezept ist durchaus aufwendig, weil der Teig lange fermentieren und trocknen muss. Dafür bekommt man am Ende eine Art selbst gemachte Fertigsuppe, die im Nu zubereitet ist und jedem schmeckt. Das Granulat eignet sich auch wunderbar als kleines Gastgeschenk.

ZUTATEN FÜR DAS GRANULAT

500 g Tomaten
500 g Zwiebeln
500 g rote Spitzpaprika
½ Bund glatte Petersilie
½ Bund Minze
500 g Joghurt
Salz
2,5–3 kg Weizenmehl

Zubereitung des Granulats:

Die Tomaten vom Stielansatz befreien, die Zwiebeln schälen und bei den Spitzpaprika die Samen und Scheidewände entfernen. Das Gemüse in grobe Stücke schneiden. Petersilie und Minze abbrausen und trocken schütteln.

Das Gemüse in einen großen Topf geben und mit 400 Milliliter Wasser aufgießen. Zum Kochen bringen, dann die Hitze reduzieren und so lange köcheln lassen, bis alles gar ist.

Den Topf auskühlen lassen, die Kräuter zugeben und alles mit einem Pürierstab zu einem Mus verarbeiten. Das Püree durch ein Sieb in eine große Schüssel streichen. Den Joghurt einrühren und die Mischung mit Salz würzen.

Das Püree mit dem Mehl vermengen. Dabei das Mehl immer portionsweise unterheben, mit den Händen gut einarbeiten und verkneten. Der dabei entstehende Teig muss leicht kleben und einem Brotteig ähneln. Eventuell benötigt ihr dafür mehr oder weniger Mehl als angegeben.

Den Teig mit einem sauberen Tuch abdecken und an einem warmen Ort einige Tage gehen lassen. Zwischendurch, am besten morgens und abends, gut umrühren. Nach zwei vollen Tagen ist der Teig fermentiert genug, um ihn weiterzuverarbeiten. Wer möchte, kann ihn noch einige Tage länger gehen lassen, um durch die längere Fermentation noch mehr Säure zu bekommen.

Zum Auslegen des Teigs ist eine große Fläche nötig. Auf einem sauberen großen Tuch mit einem Esslöffel kleine Teighäufchen verteilen. Diese müssen komplett austrocknen, was in der Regel etwa drei Tage dauert.

Den ausgetrockneten Teig in kleine Stücke brechen und diese in einem Zerkleinerer pulverisieren. Das Pulver in sauberen Schraubgläsern aufbewahren.

Für 2 Personen

ZUTATEN FÜR DIE SUPPE

1 EL Butter
1 EL Tomatenmark
2 gehäufte EL Tarhana-Granulat
Salz
frisch gemahlener schwarzer Pfeffer
Pul Biber (Chiliflocken)

Zubereitung der Suppe:

Die Butter in einem Topf bei mittlerer Temperatur erhitzen, das Tomatenmark darin auflösen.

Granulat und 500 Milliliter Wasser zugeben und zum Kochen bringen. Die Hitze reduzieren und die Suppe unter ständigem Rühren etwa 10 Minuten köcheln lassen.

Mit den Gewürzen abschmecken. Heiß mit frischem Fladenbrot servieren.

Mercimek Çorbası

ROTE-LINSEN-SUPPE

ZUTATEN

350 g rote Linsen
1 Zwiebel
1 Kartoffel
3 EL Olivenöl
Salz
Paprikapulver (rosenscharf)

Außerdem:
Zitronenspalten und Fladenbrot zum Servieren

Die Linsen waschen und abtropfen lassen. Zwiebel und Kartoffel schälen und fein würfeln. In einem großen Topf die Zwiebelwürfel in heißem Olivenöl bei hoher Temperatur anschwitzen, bis sie leicht Farbe annehmen.

Kartoffeln und Linsen zufügen und etwa 3 Minuten dünsten. Mit 1,5 Liter Wasser aufgießen. Die Suppe aufkochen lassen, dann bei geringer Hitze köcheln, bis alles weich gegart ist. Mit Salz und Paprikapulver würzen. Wer mag, kann die Suppe nun fein pürieren. Ich mag sie in beiden Varianten.

Die heiße Suppe in tiefen Tellern mit Fladenbrot servieren und reichlich Zitronenspalten dazu reichen.

Yayla Çorbası

ALM-SUPPE

ZUTATEN

1 große Zwiebel
5 EL Butter
200 g Reis
1,5 l Gemüsebrühe
500 g Vollmilchjoghurt
3 gehäufte EL Weizenmehl
1 Ei
Saft von 1 Zitrone
Salz
frisch gemahlener schwarzer Pfeffer
2 TL Paprikapulver (rosenscharf)
1 TL Pul Biber (Chiliflocken)
2 EL getrocknete Minze

Außerdem:
Zitronenspalten zum Servieren

Die Zwiebel schälen und fein würfeln. 3 Esslöffel Butter in einem Topf zerlassen und die Zwiebel bei mittlerer Hitze darin glasig schwitzen.

Den Reis kurz mitdünsten. Dann die Gemüsebrühe aufgießen und die Temperatur auf kleine Stufe verringern. Die Suppe 15–20 Minuten im geöffneten Topf köcheln lassen. Der Reis darf nicht zerfallen und sollte ähnlich wie beim Risotto noch bissfest sein.

In einer Schüssel Joghurt, Mehl und Ei gut vermischen. Von der köchelnden Brühe ein Glas abnehmen und mit dem Zitronensaft unter den Joghurt rühren. Die warme Joghurtmischung unter Rühren nach und nach in den Topf geben. Die Suppe salzen und pfeffern, dann den Herd ausschalten.

In einer kleinen Pfanne Paprikapulver und Chilipulver mit dem Rest der Butter zerlassen, die Minze zugeben.

Die Suppe mit der Butter-Minz-Mischung garnieren und heiß mit Zitronenspalten servieren.

Ahtapot Salatası

MARINIERTER OKTOPUSSALAT

An der Galatabrücke nach Eminönü gibt es unmittelbar am Wasser eines der besten Fischrestaurants in Istanbul: das Akin Balik. Während meiner letzten Reise bin ich nach sehr vielen Zufällen auf dieses Restaurant gestoßen. Zum Feierabend und erst recht an Wochenenden ist es sehr voll, aber ein Besuch lohnt sich. Die Kellner laufen mit riesigen Tabletts voller Meze-Schalen umher und es ist nicht einfach, sich zwischen den vielen Köstlichkeiten zu entscheiden.
Dieser Salat hat mir so gut geschmeckt, dass ich den Kellner unbedingt überzeugen musste, mir das Rezept zu verraten. Und hier ist es: Eine wunderbar säuerliche, leichte Vorspeise, die man mit frischem Brot in eine leckere Hauptspeise verwandeln kann.

Für 4 Personen

ZUTATEN

2 Knoblauchzehen
1 frischer Oktopus, küchenfertig (800–900 g)
1 Lorbeerblatt
100 ml Weißwein oder Essig
Salz
½ Bund glatte Petersilie
1 rote Spitzpaprika
2–3 dünne grüne Spitzpaprika
5 EL Olivenöl
Saft von 2 Zitronen
50 ml Weißweinessig
frisch gemahlener schwarzer Pfeffer

Den Knoblauch schälen und eine der Zehen zerdrücken. Den Oktopus abspülen und in einen Topf geben. Die zerdrückte Zehe, das Lorbeerblatt und den Weißwein bzw. Essig zufügen und das Ganze mit reichlich Wasser aufgießen. Bei milder Hitze zugedeckt etwa 1 Stunde garen. Zum Schluss erst salzen. Lässt sich der Oktopus ohne Probleme mit einem Messer durchstechen, ist er gar. In einem Sieb abtropfen lassen und zum Abkühlen beiseitestellen.

Die Petersilie abbrausen, trocken schütteln und sehr fein hacken. Die Paprika von den Samen und Scheidewänden befreien und in sehr feine Würfel schneiden. Die zweite Knoblauchzehe fein reiben.

Den Oktopus in schmale Scheiben schneiden und mit den Kräutern und dem Gemüse in eine Schüssel geben. Aus Olivenöl, Zitronensaft, Essig, Knoblauch, Pfeffer und Salz eine Vinaigrette rühren und den Salat damit anmachen. Vor dem Servieren 2–3 Stunden marinieren lassen. Dazu passt Brot.

Kısır

BULGURSALAT

Jeder kennt Bulgursalat. Inzwischen bekommt man ihn sogar in Bäckereien als Snack angeboten. Viele kennen Kısır aber auch als Couscous-Salat. Couscous ist Grieß aus Hirse, Bulgur stammt wiederum vom Hartweizen. So gesehen sind Bulgur- und Couscoussalat eigentlich zwei unterschiedliche Gerichte. Wer aber keinen Bulgur parat hat, kann natürlich auch Couscous verwenden.
Die Kunst bei der Zubereitung eines Bulgursalates besteht darin, alle Zutaten ganz fein zu hacken. Und natürlich ist auch die große Menge an frischen Kräutern wie Minze und Petersilie für den aromatischen Geschmack verantwortlich. Am besten schmeckt Kısır in knackigen Kopfsalat gerollt und mit reichlich Zitronensaft beträufelt.

Für 6 Personen

ZUTATEN

500 g feiner Bulgur (im Supermarkt auch als İnce-Bulgur gekennzeichnet)
Salz
3 EL Tomatenmark
3 EL Paprikamark (Biber Salçası)
1 EL Paprikapulver (rosenscharf)
1 TL Pul Biber (Chiliflocken)
1 TL gemahlener Kreuzkümmel
3 Spitzpaprika (grüne und rote)
2–3 Lauchzwiebeln
1 Bund glatte Petersilie
½ Bund frische Minze
Saft von 2 Zitronen
4 EL Granatapfelsirup (Nar ekşisi)
3–4 EL Olivenöl

Außerdem:
Kopfsalat und Zitronenspalten zum Servieren

500 Milliliter Wasser zum Kochen bringen und etwa 5 Minuten wieder abkühlen lassen. Den Bulgur in eine große Schüssel geben und mit dem Wasser aufgießen. Zugedeckt 10 Minuten quellen lassen, dabei nicht umrühren! Etwas abkühlen lassen, dann mit 1 Teelöffel Salz, Tomaten- und Paprikamark, Paprikapulver, Pul Biber und Kreuzkümmel würzen.

Die Paprika von Samen und Scheidewänden befreien und in sehr feine Würfel schneiden. Die Lauchzwiebeln putzen und in feine Ringe schneiden. Petersilie und Minze abbrausen, trocken schütteln und sehr fein hacken. Die Zutaten in die Schüssel geben und mit dem Bulgur (am besten mit den Händen) vermischen. Mit Salz, Zitronensaft, Granatapfelsirup und Olivenöl abschmecken.

Den Bulgursalat mit Kopfsalatblättern und Zitronenspalten servieren.

ORHAN VELI KANIK

Ich höre Istanbul

Ich höre Istanbul, meine Augen geschlossen.
Zuerst weht ein leichter Wind,
Leicht bewegen sich
Die Blätter in den Bäumen.
In der Ferne, weit in der Ferne,
Pausenlos die Glocke der Wasserverkäufer.
Ich höre Istanbul, meine Augen geschlossen.

Ich höre Istanbul, meine Augen geschlossen.
In der Höhe die Schreie der Vögel,
Die in Scharen fliegen.
Die großen Fischernetze werden eingezogen,
Die Füße einer Frau berühren das Wasser.
Ich höre Istanbul, meine Augen geschlossen.

Ich höre Istanbul, meine Augen geschlossen.
Der kühle Basar,
Mahmutpascha mit dem Geschrei der Verkäufer,
Die Höfe voll Tauben.
Das Gehämmer von den Docks her;
Im Frühlingswind der Geruch von Schweiß.
Ich höre Istanbul, meine Augen geschlossen.

Ich höre Istanbul, meine Augen geschlossen.
Im Kopf den Rausch vergangener Feste.
Eine Strandvilla mit halbdunklen Bootshäusern,
Das Sausen der Südwinde legt sich.
Ich höre Istanbul, meine Augen geschlossen.

Ich höre Istanbul, meine Augen geschlossen.
Ein Dämchen geht auf dem Gehsteig.
Flüche, Lieder, Rufe hinter ihr her.
Sie lässt etwas aus der Hand fallen,
Es muss eine Rose sein.
Ich höre Istanbul, meine Augen geschlossen.

Ich höre Istanbul, meine Augen geschlossen.
Ein Vogel zappelt an deinen Hängen.
Ich weiß, ob deine Stirn heiß ist oder nicht,
Ich weiß, ob deine Lippen feucht sind oder nicht.
Weiß geht der Mond hinter den Nussbäumen auf,
Ich weiß es von deinem Herzschlag.
Ich höre Istanbul.

TURYOL

Akşam Alacası

ABENDDÄMMERUNG

Ahtapot Izgara

GEGRILLTER OKTOPUS

Zu diesem Gericht passen wunderbar krosse Kartoffelwedges, serviert mit einem frischen grünen Salat oder einer Petersilien-Gremolata.
Damit die Wedges schön knusprig werden, gibt es einen Trick: die festkochenden Kartoffeln in etwa gleich große dicke Stücke teilen, dann 10 Minuten vorkochen, sodass die Oberfläche schon weich ist, und anschließend im Ofen bei 200 Grad backen, bis sie schön braun sind.
Für die Petersilien-Gremolata einfach die Blätter von einem Bund Petersilie mit dem Saft und dem Abrieb einer Bio-Zitrone und gutem Olivenöl in einem Mörser zerstoßen und mit Salz und Pfeffer würzen.

Für 4 Personen
als Beilage

ZUTATEN

2 Knoblauchzehen
1 frischer Oktopus, küchenfertig (800–900 g)
1 Lorbeerblatt
100 ml Weißwein
Salz
etwa 100 ml Olivenöl
frisch gemahlener schwarzer Pfeffer
grobes Meersalz

Den Knoblauch schälen und eine der Zehen zerdrücken. Den Tintenfisch abspülen und in einen Topf geben. Die zerdrückte Zehe, das Lorbeerblatt und den Weißwein zufügen und das Ganze mit reichlich Wasser aufgießen. Bei milder Hitze zugedeckt etwa 1 Stunde garen. Zum Schluss erst salzen. Lässt sich der Oktopus ohne Probleme mit einem Messer durchstechen, ist er gar. In einem Sieb abtropfen lassen und zum Abkühlen beiseitestellen.

Die Tentakel mit einem scharfen Messer abtrennen.
Das Olivenöl in einer Pfanne stark erhitzen und die Oktopusstücke darin von jeder Seite etwa 3 Minuten scharf anbraten. Mit Pfeffer und Meersalz großzügig würzen und sofort servieren.

Fıstıklı Kebap

HACKFLEISCH-PISTAZIEN-SPIESSE MIT BULGURREIS

Für 4 Personen

ZUTATEN

Für die Spieße:

1 kleine Zwiebel
100 g geschälte Pistazien
500 g Lamm-Hackfleisch (vom türkischen Metzger)
2 EL Olivenöl plus etwas zum Braten
1 TL Salz
½ TL weißer Pfeffer
½ TL gemahlener Kreuzkümmel
1 TL Pul Biber (Chiliflocken)
1 Ei

Für den Bulgurreis:

250 g grober Bulgur (im türkischen Supermarkt als Pilavlık gekennzeichnet)
1 mittelgroße Zwiebel
3 EL Olivenöl
1 El Tomatenmark
Salz
frisch gemahlener schwarzer Pfeffer

Für die Zwiebelbeilage:

1 große Zwiebel
2 EL Sumak

Außerdem:

8 Holz- oder Metallspieße

Für die Spieße die Zwiebel schälen und fein reiben. Die Pistazien fein hacken. Mit Hackfleisch, Öl, Gewürzen und Ei verkneten. Zur Seite stellen und ruhen lassen.

Inzwischen den Bulgurreis ansetzen. Dafür den Bulgur waschen und in einem Sieb gut abtropfen lassen. Die Zwiebel schälen und fein würfeln. In einem breiten Topf in heißem Olivenöl anschwitzen, dann das Tomatenmark zugeben und mitdünsten. Den Bulgur zufügen und 3–4 Minuten anbraten. Die Hitze reduzieren, 300 Milliliter Wasser zugießen, salzen, pfeffern und mit geschlossenem Deckel so lange köcheln lassen, bis das Wasser verdunstet ist.

Für die Beilage die Zwiebel schälen, halbieren und in feine Streifen schneiden. In einer Schüssel mit dem Sumak verkneten.

Die Köftemischung mit angefeuchteten Händen zu acht Röllchen formen und diese auf Holz- oder Metallspieße stecken. In einer Grillpfanne in reichlich heißem Öl bei hoher Temperatur 5–6 Minuten braten. Dabei regelmäßig drehen. Auf vier Tellern mit dem Bulgurreis und den Zwiebeln anrichten.

Mantı

GEFÜLLTE TEIGTASCHEN MIT JOGHURTSOSSE

Es wäre zu einfach, dieses Gericht als türkische Ravioli abzutun, denn sie sind viel mehr! Die winzigen Teigtaschen werden in mühevoller Handarbeit einzeln gefüllt und gefaltet. Sie sind eine Spezialität der Region um Kayseri, dort werden sehr kleine Mantı geformt, was ein noch größeres Geschick erfordert. Man sagt, dass eine Frau dort zunächst ihr Können unter Beweis stellen musste, ehe man um ihre Hand anhielt: Passten 40 kleine Mantı in einen Schöpflöffel, so galt sie als besonders gute Köchin.

Für 4–6 Personen

ZUTATEN

Für den Teig:

500 g Weizenmehl plus etwas für die Arbeitsfläche
1 Ei
Salz

Für die Füllung:

1 Zwiebel
½ Bund glatte Petersilie
250 g Rinder-Hackfleisch
1 TL Salz
1 TL frisch gemahlener schwarzer Pfeffer
1 TL gemahlener Kreuzkümmel
1 TL Pul Biber (Chiliflocken)

Für die Joghurtsoße:

1–2 Knoblauchzehen
500 g Vollmilchjoghurt
½ TL Salz

Für die Paprikabutter:

3 EL Butter
1 EL Olivenöl
1 EL getrocknete Minze
1 TL Pul Biber (Chiliflocken)

Für den Teig das Mehl in eine Schüssel sieben. Ei, 1 Teelöffel Salz und 180 Milliliter Wasser zugeben und alles zu einem festen Teig verkneten. Mindestens 30 Minuten ruhen lassen.

Für die Füllung die Zwiebel schälen und fein reiben. Die Petersilie abbrausen, trocken schütteln und fein hacken. In einer zweiten Schüssel mit dem Hackfleisch und den Gewürzen vermengen.

Den Teig auf einer bemehlten Arbeitsfläche sehr dünn ausrollen, dann in 2–3 Zentimeter große Quadrate schneiden. Auf jedes der kleinen Vierecke mittig ¼ Teelöffel der Füllung geben. Die Stücke zusammenklappen, sodass zwei gegenüberliegende Ecken aufeinanderliegen und ein Dreieck entsteht.

Für die Joghurtsoße den Knoblauch schälen und hacken, mit dem Joghurt vermischen und die Soße mit Salz würzen.

Für die Paprikabutter alle Zutaten in einer kleinen Pfanne bei mittlerer Temperatur unter Rühren etwa 5 Minuten braten.

In einem großen Topf ausreichend Wasser mit Salz zum Kochen bringen. Die Hitze reduzieren und die Mantı 2–3 Minuten darin garen. Sie sind fertig, wenn sie zur Wasseroberfläche aufsteigen. Mit einem Schöpflöffel herausnehmen und direkt heiß auf die Teller verteilen. Mit Joghurtsoße und Paprikabutter servieren.

İmam Bayıldı

GEFÜLLTE AUBERGINEN

Türken lieben Auberginen. Es gibt unzählige Auberginen-Rezepte. Besonders gut lassen sie sich mit Knoblauch, Tomaten, Reis und Joghurt zubereiten. Dieses Gericht ist eines meiner türkischen Leibgerichte. Es ist leicht und lässt sich auch bestens kalt genießen.
İmam bayıldı heißt wörtlich übersetzt „Der Imam fiel in Ohnmacht". Um die Frage, warum er das getan hat, ranken sich verschiedene Mythen. Manchen Gerüchten nach war der Imam so begeistert von dieser Speise, dass er ohnmächtig wurde. Andere behaupten, er hätte schlicht und einfach zu viel davon gekostet.

Für 4–6 Personen

ZUTATEN

8 kleine Auberginen
Salz
2 mittelgroße rote Zwiebeln
3 Knoblauchzehen
3 große Tomaten
2–3 Spitzpaprika oder 1 kleine grüne Paprika
4 Stängel glatte Petersilie
Olivenöl zum Braten
frisch gemahlener schwarzer Pfeffer
1 Prise Zucker
1 TL Pul Biber (Chiliflocken)
1 Prise Kreuzkümmel
1 Prise Zimt nach Belieben

Die Auberginen putzen und längs schälen, sodass immer im Wechsel ein Streifen Schale und ein Streifen Fruchtfleisch zu sehen ist. In der Mitte längs einschneiden, aber nicht ganz durchschneiden. Eine große Schüssel mit Wasser füllen, 4 Esslöffel Salz einstreuen und auflösen. Die Auberginen etwa 30 Minuten in der Salzlösung ziehen lassen.

In der Zwischenzeit die Zwiebeln schälen, halbieren und in Streifen schneiden. Den Knoblauch schälen, die Tomaten vom Stielansatz, die Paprika von Samen und Scheidewänden befreien und alles fein würfeln. Die Petersilie abbrausen, trocken schütteln und fein hacken.

In einer großen Pfanne die Zwiebeln und den Knoblauch in heißem Olivenöl bei mittlerer Hitze glasig dünsten. Erst die Paprika für einige Minuten zugeben, dann die Tomaten. Das Gemüse bei geschlossenem Deckel etwa 15 Minuten garen. Mit Salz und Pfeffer, Zucker, Pul Biber und Kreuzkümmel würzen. Wer mag, kann den Geschmack mit etwas Zimt verfeinern. Das Gemüse beiseitestellen.

Den Backofen auf 180 °C vorheizen. Die Auberginen mit Küchenpapier abtupfen, eventuell auswringen. In einer Pfanne in heißem Olivenöl von allen Seiten scharf anbraten.

Die Auberginen mit der Öffnung nach oben auf ein mit Backpapier ausgelegtes Blech setzen. Den Schlitz öffnen und die Auberginen vorsichtig mit dem Paprika-Tomaten-Gemüse füllen. Etwas Olivenöl darüberträufeln. Etwa 35 Minuten im Ofen garen. Vor dem Servieren mit der Petersilie garnieren.

BU ALANDA
ALIK TUTMAK
YASAKT

3
TAKSİM — TÜNEL
TÜNEL
410
410

Hünkar Beğendi

„SULTANS ENTZÜCKEN“ – LAMMGULASCH AUF AUBERGINENPÜREE

Für 6 Personen

ZUTATEN

Für das Gulasch:

1 kg Lammfleisch (von der Keule oder Schulter)
3 Tomaten
2 Zwiebeln
2 EL Olivenöl
2 EL Tomatenmark
Salz
frisch gemahlener schwarzer Pfeffer

Für das Auberginenpüree:

6 Auberginen
50 g mittelalter Gouda
2 EL Butter
2 EL Weizenmehl
200 ml Milch
Salz
frisch gemahlener schwarzer Pfeffer
1 Prise Muskatnuss

Für das Gulasch das Lammfleisch abspülen, trocken tupfen und in 2 Zentimeter große Würfel schneiden. Die Tomaten vom Stielansatz befreien und klein schneiden. Die Zwiebeln schälen, halbieren und in feine Streifen schneiden.

In einem breiten Topf das Olivenöl bei mittlerer Temperatur erhitzen und die Zwiebeln darin anschwitzen. Das Tomatenmark kurz mitdünsten. Die Fleischwürfel zufügen und 5–10 Minuten von allen Seiten anbraten, bis sie Farbe angenommen haben. Die Hitze reduzieren. Die Tomaten zugeben, mit so viel Wasser aufgießen, dass der Topfinhalt knapp bedeckt ist (etwa 400 Milliliter). Mit Salz und Pfeffer würzen und bei geringer Hitze köcheln lassen, bis das Wasser fast verdampft und das Fleisch weich ist.

Den Backofen auf 180 °C vorheizen. Für das Püree die Auberginen waschen und trocken tupfen. Mit einer Gabel anstechen und auf ein mit Backpapier belegtes Blech setzen. Im Ofen etwa 45 Minuten rösten, zwischendurch immer wieder wenden. Dann die Auberginen herausnehmen und auskühlen lassen. Schälen und grob hacken.

Den Gouda reiben. In einer Pfanne bei mittlerer Hitze die Butter zerlassen. Das Mehl zugeben und anschwitzen. Die Milch nach und nach einrühren, mit einem Schneebesen schlagen, bis eine cremige Masse entsteht. Die Temperatur verringern und die Auberginen zugeben. Den Käse unterheben und das Püree mit Salz und Pfeffer würzen, dann mit Muskat abschmecken.

Das Auberginenpüree auf einem flachen Teller verteilen und das Gulasch darauf anrichten. Heiß servieren.

Kalamar Dolması

MIT KRÄUTERN GEFÜLLTE CALAMARI

Für 4 Personen

ZUTATEN

10–12 frische kleine Calamari, gesäubert und küchenfertig
1 Handvoll Pimpinelle
1 Handvoll Sauerampfer
1 Handvoll glatte Petersilie
1 Handvoll frischer Thymian
1 Handvoll Walnusskerne
1 Knoblauchzehe
500 g Quark
Abrieb und Saft von 1 Bio-Zitrone
Salz
frisch gemahlener schwarzer Pfeffer
1 Msp. gemahlener Kreuzkümmel
1 Prise Sumak
Olivenöl zum Braten

Außerdem:
10–12 Zahnstocher

Die Calamari unter fließendem kaltem Wasser abspülen. Mit Küchenpapier trocken tupfen und beiseitestellen.

Für die Füllung die Kräuter abbrausen, trocken schütteln und fein hacken. Die Walnusskerne ebenfalls fein zerkleinern.

Den Knoblauch schälen und fein hacken. In einer mittelgroßen Schüssel mit dem Quark vermischen. Die Kräuter, die Walnusskerne sowie den Abrieb und den Saft der Zitrone zugeben. Mit Salz, Pfeffer, Kreuzkümmel und Sumak würzen und kräftig umrühren.

Die Calamari mit der Mischung füllen, dann mit Zahnstochern verschließen.

In einer Pfanne in heißem Olivenöl die Calamari bei mittlerer Hitze von jeder Seite etwa 3 Minuten goldbraun braten. Aus der Pfanne nehmen und sofort servieren.

Kuru Fasulye

WEISSER BOHNENEINTOPF

Weiße Bohnen sind sehr proteinreich und wurden schon früher gern in vielen Gerichten als günstige Fleischalternative verwendet. Dieser Eintopf kann als das Nationalgericht der Türken bezeichnet werden.
Mit gekochtem Reis ist er eine sehr preiswerte, schnelle Mahlzeit, mit der man viele Gäste verköstigen kann. Daher wird er ähnlich wie die Tarhana-Suppe in allen Kantinen und sogenannten Handwerker-Restaurants, den „esnaf lokantaları", serviert.

Für 4–6 Personen

ZUTATEN

400 g weiße Bohnen
2 Zwiebeln
2 große Tomaten
2 El Olivenöl
2 El Butter
2 EL Tomatenmark
1 Dose passierte Tomaten (à 200 g)
Salz
1 TL Zucker
frisch gemahlener schwarzer Pfeffer

Die Bohnen über Nacht in Wasser einweichen.

Das Einweichwasser abgießen und die Bohnen in einem Topf in reichlich Wasser bei mittlerer Hitze etwa 25 Minuten garen. Sie dürfen aber nicht weich werden. Abseihen und beiseitestellen.

Die Zwiebeln schälen und fein würfeln. Die Tomaten vom Stielansatz befreien und klein schneiden. In einem großen Topf Olivenöl und Butter erhitzen, das Tomatenmark zugeben und die Zwiebeln darin glasig schwitzen. Tomaten, passierte Tomaten und etwa 1 Liter Wasser zufügen und umrühren. Die Temperatur auf die kleinste Stufe verringern und die Tomatenmischung etwa 10 Minuten köcheln lassen.

Die Bohnen in den Topf geben, mit 2 Teelöffeln Salz und Zucker würzen. Mit geschlossenem Deckel so lange köcheln, bis die Bohnen weich sind. Mit Salz und Pfeffer abschmecken. Heiß mit Reis oder Brot servieren.

Beyaz Peynir Köftesi

VEGETARISCHE FETA-KÖFTE

Diese vegetarischen Köfte sind eine wunderbare Alternative zu den Kebap-Varianten und die Zutaten können beliebig variiert werden. Man kann den Käse beispielsweise einfach durch einen über Nacht abgetropften Joghurt ersetzen. Wälzt man die Köfte in klein gehackten Nüssen oder Brotkrumen, verleiht man ihnen mehr Biss. Solange die zusätzlichen Zutaten nicht zu flüssig sind und die Konsistenz verändern, sind der Fantasie keine Grenzen gesetzt!

Für 4 Personen

ZUTATEN

500 g weicher Feta oder Tulum-Käse
2 Scheiben Brot vom Vortag
2 Eier
1 TL gemahlener schwarzer Pfeffer
1 TL Pul Biber (Chiliflocken)
1 Bund glatte Petersilie
Sonnenblumenöl zum Braten

Den Käse in einer Schüssel zerteilen. Das Brot von der Rinde befreien. Die zerzupfte Krume, die Eier und die Gewürze zugeben und alles zu einer klebrigen Mischung vermengen.

Die Petersilie abbrausen, trocken schütteln und sehr fein hacken. Unter die Käsemischung heben.

In einer großen Pfanne bei hoher Temperatur reichlich Sonnenblumenöl erhitzen. Die Hände anfeuchten. Von der Fetamasse jeweils einen gehäuften Esslöffel abnehmen und daraus eine Kugel formen. Die Kugeln in der Pfanne etwa 5 Minuten braten, dabei gelegentlich drehen, damit alle Seiten kross werden.

Tipp: Zu diesem Gericht passen sehr gut ein Gemüse nach Wahl und Reis.

arçelik

Boza

BARDAK 3

Hamşi Tava

FRITTIERTE SARDELLEN

Dieses Gericht ist ein Klassiker der Schwarzmeerregion, aber auch in Istanbul häufig zu finden, besonders in der Saison zwischen November und Januar. Auch bei uns zu Hause gab es in diesen Monaten sehr oft eine „hamsi tava". In einem Alter von vier bis sieben Jahren lebte ich mit meinen Eltern in Zonguldak, einer Stadt direkt am Schwarzen Meer, wo wir ohne großen Aufwand frische Sardellen bekommen konnten.

Für 4 Personen

ZUTATEN

1 kg frische Sardellen
Sonnenblumenöl zum Braten
100 g Maisgrieß
1 EL Salz

Außerdem:
Zitronenspalten zum Servieren

Die Sardellen vom Kopf befreien, säubern, abspülen und in einem Sieb abtropfen lassen.

In einer großen Pfanne bei hoher Temperatur ausreichend Sonnenblumenöl erhitzen. Inzwischen Maisgrieß und Salz in einer flachen Schale vermischen und die Sardellen darin wälzen. Die Fische portionsweise etwa 3 Minuten unter Wenden in der Pfanne braten, bis sie von beiden Seiten goldbraun sind. Die fertig frittierten Sardellen auf einem mit Küchenpapier bedeckten Teller im Backofen bei etwa 50 °C warm halten.

Noch warm mit einigen Zitronenspalten servieren.

Tipp: Man kann bei den Sardellen die Gräten einfach mitessen, weil sie sehr fein sind.

Türlü Güveç

GEMÜSEEINTOPF

Güveç bezeichnet einerseits einen speziellen Tontopf, steht gleichzeitig aber auch für Speisen, die langsam im Tontopf geschmort und anschließend im Ofen ausgebacken werden. Die vielfältigen Gerichte können je nach Saison und Geschmack aus den unterschiedlichsten Zutaten zubereitet sein. Die Basis besteht aber meist aus Kartoffeln, Tomaten und Auberginen.

Für 4 Personen

ZUTATEN

2 große Kartoffeln
2 Auberginen
500 g frische grüne Bohnen
2 Karotten
3 Spitzpaprika
2 Zwiebeln
5–6 Cherrytomaten
2 Knoblauchzehen
Salz
frisch gemahlener schwarzer Pfeffer
2 EL Tomatenmark
1 TL Pul Biber (Chiliflocken)
Olivenöl zum Übergießen

Die Kartoffeln schälen, Auberginen, Bohnen und Karotten putzen und die Spitzpaprika von den Samen und den Scheidewänden befreien. Die Zwiebeln schälen. Die Kartoffeln, das Gemüse und die Zwiebeln in grobe Würfel oder Stücke schneiden. Die Tomaten halbieren. Den Knoblauch schälen und fein hacken. In einer Schüssel die Zutaten mischen.

Die Hälfte des Gemüses am besten in einen Tontopf, falls nicht zur Hand in einen großen ofenfesten Topf füllen. Mit Salz und Pfeffer würzen. Das übrige Gemüse zugeben und noch einmal salzen und pfeffern.

In einer Schüssel Tomatenmark und Pul Biber in 500 Milliliter Wasser auflösen und auf dem Gemüse verteilen. Mit Olivenöl übergießen und bei mittlerer Hitze 40 Minuten mit geschlossenem Deckel garen.

Kurz vor Ende dieser Zeit den Backofen auf 180 °C vorheizen. Das Gemüse im Ofen mit offenem Deckel noch einmal 15 Minuten garen. Dazu passt Reis.

Perde Pilav

REIS-KÜCHLEIN MIT HÜHNCHEN

Dieses Gericht wird gern an großen Tafeln oder zu Ramadan aufgetischt. Das Hühnerfleisch zuzubereiten ist etwas zeitaufwendig, es lohnt aber. Das Küchlein ist nämlich sehr sättigend und außerdem eine tolle Beilage zu anderen Gerichten. Ich rate davon ab, Brustfilets zu kaufen, da ich ein großer Fan davon bin, Tiere als Ganzes zu verwerten, wenn man sie schon zubereitet. Außerdem braucht man so auch keine Fertigbrühe mehr zu kaufen.

Für 6 Personen

ZUTATEN

1 Hühnchen à 1 kg
1 Karotte
1 Selleriestange
4 Knoblauchzehen
1 Zwiebel
2–3 Stängel glatte Petersilie
2 Lorbeerblätter
Salz
5–6 Pfefferkörner
360 g Langkornreis
8 EL Butter
1 Handvoll Korinthen
frisch gemahlener schwarzer Pfeffer
1 TL Piment
50 g geschälte Mandeln
3 große Fladen Yufka-Teig

Außerdem:

6 ofenfeste Formen à etwa 300 ml Volumen

Das Hühnchen gut säubern, abspülen und in einen großen Topf geben. Karotte und Selleriestange putzen, Knoblauch und Zwiebel schälen. In grobe Stücke schneiden und zu dem Geflügel geben. Die Petersilie abbrausen, grob zerrupfen und mit dem Lorbeer, Salz und Pfeffer zufügen. Die Zutaten mit kaltem Wasser bedecken und den Topf bei hoher Temperatur zum Kochen bringen. Die Hitze reduzieren und das Huhn etwa 1 Stunde mit geschlossenem Deckel garen.

In der Zwischenzeit den Reis in Wasser und 1 Teelöffel Salz einweichen, so lange bis das Hühnchen gar ist. Dann den Reis in ein Sieb geben und unter fließendem Wasser abspülen.

Das Hühnchen aus dem Topf nehmen und auskühlen lassen. Das Fleisch von den Knochen lösen und klein rupfen. 500 Milliliter der Brühe auffangen. Den Rest für einen späteren Gebrauch beiseitestellen oder einfrieren.

In einem Topf 3 Esslöffel der Butter bei mittlerer Temperatur schmelzen und die Korinthen darin 3 Minuten andünsten. Den Reis zugeben und etwa 5 Minuten unter ständigem Rühren heiß werden lassen. Mit Salz würzen. Die Brühe zugießen und zum Kochen bringen. Die Hitze reduzieren und den Reis mit geschlossenem Deckel etwa 15 Minuten fertig garen, bis das Wasser vollständig verdunstet ist.

Das Hühnerfleisch unter den fertigen Reis heben und das Ganze mit Pfeffer und Piment abschmecken. Vom Herd nehmen und etwa 30 Minuten ruhen lassen.

Den Backofen auf 180 °C vorheizen. Die Formen mit reichlich Butter fetten, die restliche Butter zur Seite stellen. Die Mandeln auf die Formen verteilen. Die Yufka-Teige jeweils halbieren und jede Form mit einer Hälfte auskleiden. Die Reis-Huhn-Mischung in die Formen füllen, mit Yufka-Teig verschließen und im Ofen 15–20 Minuten ausbacken.

Zum Servieren die Küchlein aus den Formen nehmen und mit der restlichen Butter bestreichen.

Yoğurtlu et Yahni

FLEISCHEINTOPF MIT JOGHURT

Normalerweise wird dieser Eintopf mit Hackbällchen zubereitet. Auf meiner Istanbul-Reise habe ich in einem kleinen, etwas versteckten und von einer alten Dame geführten Imbiss in Beyoğlu diese Variante mit Lammfleisch entdeckt. Die Kombination von Joghurt und Fleisch mag vielleicht erst einmal irritieren. Einmal probiert, wird man sie aber nie wieder infrage stellen.

Für 4 Personen

ZUTATEN

2 Zwiebeln
8 EL Butter
500 g Gulasch (vom Lamm oder Rind)
Salz
250 g Joghurt
frisch gemahlener schwarzer Pfeffer
1 TL Pul Biber (Chiliflocken)

Die Zwiebeln schälen, halbieren und in Scheiben schneiden. In einem Topf bei mittlerer Hitze 6 Esslöffel der Butter zerlassen und die Zwiebeln darin anschwitzen.

Die Fleischstücke (etwa 2 Zentimeter große Würfel) zu den Zwiebeln geben und scharf anbraten. Dann die Hitze reduzieren. So viel Wasser aufgießen, dass der Topfinhalt knapp bedeckt ist. Mit Salz würzen. Den Deckel aufsetzen und das Fleisch 20–30 Minuten köcheln, bis es weich ist.

Den Joghurt in eine Schüssel füllen. Mit 1 Schöpfkelle Flüssigkeit aus dem Topf verrühren. Dann den aufgewärmten Joghurt nach und nach zum Fleisch geben. Mit Pfeffer und Salz abschmecken.

Die restliche Butter in einer Pfanne schmelzen und Pul Biber einrühren. Den Fleischeintopf mit der Paprikabutter in tiefen Tellern heiß servieren.

Dolma

MIT REIS GEFÜLLTES GEMÜSE

Es gibt in der Türkei verschiedene Möglichkeiten, Gemüse zu füllen. Ähnlich wie bei gefüllten Weinblättern kann man dabei komplett auf Hackfleisch verzichten oder eine Reis-Hackfleisch-Füllung verwenden. Bei der Auswahl des Gemüses könnt ihr ganz eurem Geschmack und euren Vorlieben folgen.

Für 4–6 Personen

ZUTATEN

500 g kleine, helle Paprika (aus dem türkischen Supermarkt)
oder 16 kleine getrocknete Auberginen (aus dem türkischen Supermarkt)
1 Zwiebel
Olivenöl
1 EL Tomatenmark
je 2 EL Reis für jede Paprika
Salz
frisch gemahlener schwarzer Pfeffer
1 TL getrocknete Minze
1 TL gemahlener Kreuzkümmel
½ Bund glatte Petersilie
2–3 Tomaten (wenn Paprika als Gemüse verwendet werden)

Werden Paprika verwendet: Die Paprika von Samen und Scheidewänden befreien und beiseitestellen. Bei Auberginen: Die Auberginen putzen, in einen Topf geben, mit kaltem Wasser bedecken und bei mittlerer Temperatur weich garen. In einem Sieb abtropfen lassen und beiseitestellen.

Für die Füllung die Zwiebel schälen und würfeln. In einer hohen Pfanne in heißem Olivenöl mit dem Tomatenmark andünsten, bis sie glasig sind. Den Reis etwa 5 Minuten mitdünsten. Die Gewürze und 5 Esslöffel Olivenöl einrühren. Die Pfanne vom Herd nehmen. Die Petersilie abbrausen, trocken schütteln und fein hacken, dann zugeben.

Die vorbereiteten Paprika oder Auberginen mit jeweils 2 Esslöffel der Reismischung füllen. In einem Topf dicht aneinanderreihen. Am besten vorher das Gemüse ohne Füllung hineinsetzen, um das passende Gefäß zu finden.

Benutzt ihr Paprika, sind auch noch Tomaten nötig: Die Tomaten vom Stielansatz befreien, in Scheiben schneiden und die Paprika damit verschließen.

Mit Wasser aufgießen, sodass das Gemüse knapp bedeckt ist. Wer mag, kann noch einige Esslöffel Olivenöl darüber verteilen. Das Wasser bei mittlerer Temperatur zum Kochen bringen, dann die Hitze reduzieren. Das Gemüse mit geschlossenem Deckel 30–40 Minuten köcheln lassen, bis der Reis gar und die Flüssigkeit fast verdunstet ist.

Mit Joghurt servieren. Das Gericht schmeckt warm am besten, lässt sich aber auch kalt genießen.

İnegöl Köfte

FRIKADELLEN

Als ich noch klein war und wir in Zonguldak am Schwarzen Meer lebten, fuhren wir regelmäßig an den Wochenenden in ein Restaurant, wo es nur eines gab: İnegöl Köfte. Ich kann mich noch sehr gut an diesen einmaligen Geschmack erinnern und glaube, dessen Geheimnis mit diesem Rezept gefunden zu haben. Das Besondere liegt nämlich in der ebenso einfachen wie erstaunlichen Art des Würzens: Das Fleisch war nämlich mit nichts anderem gewürzt als Salz.
Es ist sehr wichtig, bei diesem Gericht auf bestes Bio-Fleisch zurückzugreifen. Alles, was man dann nämlich noch zu den Köfte braucht, ist ein Glas Ayran und ein paar eingelegte Paprika.

Für 4–6 Personen

ZUTATEN

Für die Köfte:
750 g Rinder-Hackfleisch
250 g Lamm-Hackfleisch (vom türkischen Metzger)
2 Zwiebeln
1 Knoblauchzehe
1 TL Salz
1 TL Natron
Sonnenblumenöl zum Braten

Für den Ayran:
350 g Vollmilchjoghurt
Salz nach Belieben

Das Hackfleisch in eine Schüssel geben. Zwiebeln und Knoblauch schälen und getrennt fein reiben. Bei den Zwiebeln die Flüssigkeit entfernen und das Übrige ebenso wie den Knoblauch zum Fleisch geben. Mit Salz und Natron vermengen. Etwa 15 Minuten kräftig mit den Händen kneten. Das ist notwendig, damit die Köfte beim Braten nicht zerfallen. Mit Frischhaltefolie bedecken und über Nacht im Kühlschrank ruhen lassen.

Die Hände mit etwas Sonnenblumenöl benetzen. Von der Fleischmischung jeweils 1 Esslöffel abnehmen und daraus Bällchen formen. Köfte schmecken am besten, wenn man sie grillt. Wer möchte, kann sie im Backofen bei 250 °C (vorgeheizt) garen, bis sie kross werden. Sie gelingen aber auch sehr gut in einer Grillpfanne, wo sie in heißem Sonnenblumenöl bei hoher Temperatur von jeder Seite 2 Minuten gebraten werden.

Für den Ayran Joghurt und 1 Liter Wasser in einem Mixer verrühren. Nach Belieben salzen. Eingelegte Paprika dazu reichen.

Deniz Ürünleri
(Akdeniz, Ege, Marmara ve Karadeniz)
Levrek
Lekeli Mercan
Kefal
Ahtapot
Kalamar
Dil Balığı
Karides
Kılıç Balığı
Hamsi
Sardalya
Barakuda
Dülger
İskorpit
Zargana
Palamut/Torik
Istakoz
Vatoz
Mezgit
Kalkan

İRİ OLTA LEVREK
İRİ ERKEK KALKAN BALIĞI
KAYA LEVREK KİLOSU
PALAMUT TANE 20
OLTA ÇUPRA KİLO
ERKEK KALKAN BALIĞI
JUMBO KARİDES 60
DENİZ ÇUPRA KİLO 25
LÜFER YAVRUSU SARIKANAT 50
İRİ BARBUNYA TEKİR KİLO
İRİ DİL BALIĞI KİLO
MEZGİT FİLETO 35
KAVAK MİDYE

Balık Yahni

FISCH-SCHMORTOPF

Für 4–6 Personen

ZUTATEN

2 mittelgroße Bonitos (ersatzweise Forellen, ausgenommen und gesäubert)
Salz
1 Zwiebel
3 Tomaten
3 Spitzpaprika
1 Karotte
50 ml Olivenöl
4 Knoblauchzehen
2 Lorbeerblätter
frisch gemahlener schwarzer Pfeffer
Saft von ½ Zitrone

Die Fische abspülen, trocken tupfen und in etwa 2 Zentimeter breite Scheiben schneiden. Salzen und 30 Minuten zugedeckt im Kühlschrank ruhen lassen.

In der Zwischenzeit die Zwiebel schälen, halbieren und in grobe Scheiben schneiden. Die Tomaten vom Stielansatz, die Paprika von den Samen und Scheidewänden befreien, die Karotte putzen. Das Gemüse in grobe Stücke schneiden. Den Backofen auf 180 °C vorheizen.

Das Öl in einem ofenfesten breiten Topf bei mittlerer Temperatur erhitzen. Den Knoblauch schälen, mit der flachen Seite eines Messers zerdrücken und zusammen mit Zwiebeln, Karotte und Paprika in den Topf geben. Einige Minuten andünsten, dann Tomaten und Lorbeerblätter zufügen. Mit Salz und Pfeffer würzen und mit Zitronensaft abschmecken.

Die Fischfilets noch einmal waschen, abtupfen und auf das Gemüse legen. 100 Milliliter Wasser zugießen, dann den Deckel auflegen und den Fischtopf im Ofen 30 Minuten garen.

Etli Nohut

KICHERERBSENEINTOPF MIT FLEISCH

Dieser Eintopf ist ein urtypisches Gericht der einfachen Leute. Mancherorts wird er auch einfach ohne Fleisch zubereitet. Er ist günstig, einfach und schnell gemacht. Vorausgesetzt, ihr weicht die Kichererbsen über Nacht in Wasser ein.

Für 4 Personen

ZUTATEN

400 g getrocknete Kichererbsen
1 TL Natron
500 g Rindfleisch (Schulter oder Hüfte)
1 Zwiebel
5 EL Olivenöl
1 EL Tomatenmark
Salz
frisch gemahlener schwarzer Pfeffer

Die Kichererbsen über Nacht in Wasser einweichen, dann abgießen. In einem großen Topf mit Natron vermengen und mit etwa 2 Liter Wasser aufgießen. Bei hoher Temperatur zum Kochen bringen, dann die Hitze reduzieren und die Kichererbsen 30–40 Minuten weich garen. Dann in einem Sieb abtropfen lassen.

Das Rindfleisch abspülen, trocken tupfen und in Würfel schneiden. Die Zwiebel schälen, halbieren und in feine Scheiben schneiden.

Die Zwiebeln in einem großen Topf bei mittlerer Hitze in heißem Olivenöl mit dem Tomatenmark glasig dünsten. Das Fleisch zugeben und scharf anbraten, dann die Hitze reduzieren. Die Fleischwürfel knapp mit Wasser bedecken und bei niedriger Temperatur 20–30 Minuten köcheln lassen, bis sie gar sind.

Die Kichererbsen zugeben und kräftig umrühren. Mit Salz und Pfeffer würzen. Den Herd abstellen, aber den Topf noch kurze Zeit auf der Platte lassen. Den Eintopf mit Brot servieren.

Green

Gece Işıkları

NACHTLICHTER

Lokma

SCHMALZGEBÄCK

Auch wenn das Gebäck in Istanbul an jeder Ecke angeboten wird, gab es die kleine Sünde bei uns immer nur zu ganz besonderen Anlässen. Meine Mutter bereitete sie stets erst kurz vor dem Servieren zu, da sie frisch und noch warm am leckersten ist. Die Süßspeise, die übersetzt „Happen" bedeutet, wird zuerst in Öl frittiert und dann in Honig oder Zuckersirup getränkt. Das Hefegebäck schmeckt aber auch herzhaft als Pişi zu Oliven, Käse oder Gemüse. Wer diese Variante probieren möchte, lässt einfach den Sirup weg.

Für 8 Personen

ZUTATEN

Für den Teig:

21 g Hefe
350 g Weizenmehl
1 EL Zucker

Für den Sirup:

500 g Zucker
Saft von ½ Zitrone

Außerdem:

1–2 l Sonnenblumenöl zum Braten

Für den Sirup Zucker und 500 Milliliter Wasser in einem Topf aufkochen. Die Hitze reduzieren und den Sirup 15–20 Minuten köcheln. Den Zitronensaft zugeben und weitere 5 Minuten sanft kochen lassen. Den Topf vom Herd nehmen und den Sirup auskühlen lassen.

Für den Teig die Hefe in etwa 100 Milliliter lauwarmem Wasser auflösen. Mehl, Zucker, 400 Milliliter lauwarmes Wasser und die Hefe zu einem weichen, klebrigen Teig verkneten. Abdecken, etwa 1 Stunde an einem warmen Ort gehen lassen und danach nochmals verkneten. Der Teig sollte dann große Blasen werfen.

Das Sonnenblumenöl in einen großen Topf gießen und stark erhitzen. Steigen an einem Holzlöffel, den man in den Topf taucht, kleine Blasen auf, ist das Öl heiß genug zum Braten. Eine Friteuse ist für das Schmalzgebäck nicht empfehlenswert.

Eine kleine Menge Teig in die Hand nehmen, die Hand schließen und zwischen Daumen und Zeigefinger kleine Teigbällchen herausdrücken. Die Bällchen mit einem geölten Esslöffel von Daumen und Zeigefinger abstreifen und im heißen Öl etwa 3 Minuten goldgelb frittieren.

Die Teigbällchen unmittelbar anschließend 2–3 Minuten in den Sirup tauchen und wieder herausnehmen. Noch warm servieren.

Kaymaklı Kayısı Tatlısı

MIT RAHM GEFÜLLTE GETROCKNETE APRIKOSEN

Für 4–6 Personen als Snack oder Dessert

ZUTATEN

250 g getrocknete, entkernte Aprikosen
100 g Zucker
Saft von ½ Zitrone
1 Handvoll geschälte Pistazien, fein gehackt
150–200 g Kaymak (s. S. 29)

Die Aprikosen in der Mitte auf-, aber nicht durchschneiden. In einem kleinen Topf bei mittlerer Temperatur Zucker, 350 Milliliter Wasser und Zitronensaft aufkochen, die Hitze reduzieren und die Mischung etwa 10 Minuten bei kleiner Hitze köcheln lassen. Die Aprikosen zugeben und noch einmal 15 Minuten leicht kochen lassen. Vom Herd nehmen und auskühlen lassen.

Die Pistazien in eine flache Schale geben. Die Aprikosen aus dem Sirup nehmen, öffnen, mit jeweils 1 Teelöffel Kaymak füllen, sanft wieder zudrücken und in den Pistazien wälzen. Auf einem Teller mit dem restlichen Sirup und einem Klecks Kaymak anrichten.
Voilà! Fertig ist das unfassbar einfache, aber umso leckerere Dessert.

Tipp: Wer kein Kaymak zur Hand hat, kann hier auch gezuckerten Joghurt nehmen, auch wenn sich dadurch natürlich ein anderer Geschmack ergibt. Auch Schmand oder Crème double dürften gut funktionieren. Probiert es aber unbedingt einmal mit Kaymak aus, es lohnt sich!

Restaurant
Kebap
TURKISH
CUISINE
MEZELER
APPETIZERS

BESIKTAS
22
KABATAS

Kestaneli Dondurma

MARONENEIS

Zwar kommen wir hier in Deutschland nicht so leicht an die leckeren Esskastanien heran, die in Istanbul von vielen Straßenverkäufern frisch geröstet angeboten werden. Aber dieses Eis kann zumindest ein kleines bisschen Sehnsucht stillen.

Für 4 Personen

ZUTATEN

Für das Maronenpüree:
500 g Maronen
Mark von ½ Vanilleschote
Honig oder Zucker nach Belieben

Für das Eis:
500 ml Sahne (am besten Konditorsahne mit hohem Fettgehalt)
400 ml gesüßte Kondensmilch
Mark von ½ Vanilleschote
1 Prise Salz

Für das Maronenpüree den Backofen auf 250 °C vorheizen. Mit einem scharfen Messer die Maronen an der Bauchseite kreuzweise einschneiden. Aber vorsichtig, das ist nicht ungefährlich! Mit der angeschnittenen Seite nach oben auf ein mit Backpapier belegtes Backblech setzen. Mit 100 Milliliter Wasser aufgießen und im Ofen etwa 25 Minuten rösten. Anschließend auskühlen lassen.

Die Maronen von ihren Schalen befreien und vier der Kastanien für die Garnitur beiseitelegen. Die übrigen in einen kleinen Topf geben. Mit 300 Milliliter Wasser aufgießen und bei mittlerer Temperatur 15 Minuten köcheln. Vanillemark sowie nach Belieben Honig oder Zucker zufügen und mit dem Pürierstab oder in der Küchenmaschine zu einem Mus verarbeiten.

Für das Eis in einer großen Schüssel Sahne, Kondensmilch, Vanillemark und Salz schlagen, bis die Sahne anfängt, steif zu werden.

In einer zweiten Schüssel das Maronenpüree mit einigen Löffeln der Sahne-Kondensmilch-Mischung vermengen, sodass das Püree ein wenig von seiner Festigkeit verliert. Das nun aufgelockerte Maronenmus unter die Sahne heben.

Die Maronen-Sahne-Mischung in eine passende Form füllen. Abdecken und mindestens 4 Stunden oder über Nacht einfrieren. Zum Servieren mit Maronenstückchen garnieren.

Baklava

BAKLAVA

Baklava ist das Lieblingsdessert der Türken, aber auch in Deutschland erfreut sich das mit Zuckerwasser übergossene Blätterteiggebäck größter Beliebtheit. Es erfordert viel Handarbeit und ein wenig Geschick, um den perfekten, aus mehreren hauchdünnen Schichten bestehenden Teig herzustellen. Wem das zu aufwendig ist, kann aber auch fertigen Yufka- oder Filoteig kaufen. So wie es eine Kunst ist, Baklava herzustellen, ist die Art und Weise, das Dessert zu essen, ebenso wichtig. Der Inhaber des Baklava-Imperiums „Güllüoglu" beschreibt es so: Um Baklava zu essen, müsse man erst einen großen Schluck Wasser trinken. Dann eine Gabel in ein Stück Baklava stechen, mit Kaymak bestreichen, in gemahlenen Pistazien wälzen und in zwei Happen aufessen.

Für ein großes Blech mit 36 cm Durchmesser

ZUTATEN

Für den Teig:

2 Eier
100 ml Milch
100 ml Sonnenblumenöl
2 EL Essig
1 Pck. Backpulver
600 g Weizenmehl
400 g Weizenstärke
250 g Butter plus etwas zum Fetten der Form
200 g Walnusskerne, fein gehackt (oder nach Belieben Pistazien, fein gehackt)

Für den Sirup:

400 g Zucker
Saft von ½ Zitrone

Außerdem:

1 Springform (Ø 28 cm)

Für den Sirup Zucker und 500 Milliliter Wasser bei hoher Temperatur in einem Topf zum Kochen bringen. Den Zitronensaft zugeben und die Mischung etwa 10 Minuten köcheln lassen. Den Topf vom Herd nehmen.

Für den Teig Eier, Milch, Öl, Essig und 50 Milliliter Wasser verrühren. Das Backpulver unter das Mehl mischen und das Mehl einarbeiten. Auf einer mit Weizenstärke bemehlten Arbeitsfläche den Teig in 5 gleichmäßige Stücke schneiden, zu Kugeln formen. Diese Kugeln in eine Schüssel geben, mit Frischhaltefolie bedecken und 30 Minuten ruhen lassen.

Die Kugeln nacheinander jeweils zu einer Rolle formen und diese in 8 Stücke teilen. Die Stücke auf der mit Weizenstärke bemehlten Arbeitsfläche zu etwa 20 Zentimeter großen Fladen ausrollen. Mit Weizenstärke berieseln und alle 8 Fladen übereinander auf einen Teller schichten. Mit den restlichen 4 Kugeln ebenso verfahren, sodass am Ende insgesamt 40 Fladen entstehen.

Eine Springform einfetten. Die Fladenstapel einzeln auf die Größe der Form ausrollen. Die erste Teigschicht in die Form geben und großzügig mit Walnusskernen bedecken. Mit den restlichen Stapeln ebenso verfahren. Die oberste Schicht sollte aus Teig ohne Nüsse bestehen. Nun den Teig nach Belieben zurechtschneiden, z. B. in Rauten oder klassisch in Sternform.

Den Backofen auf 150 °C vorheizen. Die Butter in einem Topf schmelzen. Die weiße Rahmschicht abschöpfen und die Butter über dem Teig verteilen. Die Form in den Ofen schieben und etwa 1 ½ Stunden backen.

Den noch warmen Teig mit dem Sirup begießen und vor dem Servieren noch 1 Stunde durchziehen lassen.

Türk Kahvesi

TÜRKISCHER MOKKA

Der türkische Mokka gilt als die älteste Zubereitungsart von Kaffee. Für Türk Kahvesi braucht man sehr fein gemahlenen Kaffee – noch feiner als Espresso. Wenn ihr ganze Bohnen kauft und diese vor Ort mahlen lasst, solltet ihr darauf achten. Ansonsten bekommt ihr türkischen Kaffee in türkischen Supermärkten.
Da der Zucker bereits vor dem Kochen zugefügt wird, muss man den Gast vorher fragen, wie süß er seinen Mokka haben möchte. Sade bedeutet ohne Zucker, orta şekerli mit einem halben Teelöffel und şekerli mit einem gehäuften Teelöffel. Gekocht wird der Kaffee in einem „Cezve", getrunken aus speziellen Mokkatassen. Ihr könnt aber natürlich auch Espressotassen verwenden. Wichtig ist, zum Mokka auch ein Glas Wasser zu reichen.

Für 1 Person

ZUTATEN

1 Tasse Wasser
Zucker nach Belieben
1 gehäufter TL fein gemahlener Mokka

Kaltes Wasser, eventuell Zucker und Kaffee in einen Cezve geben. Der Zucker muss sich im kalten Wasser auflösen, daher gut umrühren.

Das Kaffeewasser unter ständigem Rühren bei niedriger Temperatur zum Kochen bringen.

Den fertigen Mokka vorsichtig in die Tasse füllen, dabei den Schaum auffangen.

Fırında Sütlaç

MILCHREIS AUS DEM OFEN

Für 6 Personen

ZUTATEN

200 g Reis
1 l Milch
200 g Zucker
Mark von 1 Vanilleschote
1 EL Speisestärke oder Reismehl
1 Eigelb
1 Handvoll fein gehackte Haselnüsse
1 Handvoll grob gehackte Pistazien und etwas Zimt nach Belieben

Den Reis gut waschen und in einem Sieb abtropfen lassen. In einen mittleren Topf geben und mit 480 Milliliter Wasser aufkochen, dann bei geringer Hitze etwa 15 Minuten sieden lassen, bis er gar ist.

Milch, Zucker und Vanillemark zugeben. Bei mittlerer Temperatur noch einmal zum Kochen bringen, die Hitze reduzieren und 15 Minuten weiterköcheln lassen.

Den Backofen auf 180 °C vorheizen. Speisestärke und Eigelb in einer kleinen Schüssel vermengen. Zunächst mit 1–2 Esslöffel der warmen Milchmischung verrühren, damit das Eigelb nicht stockt. Anschließend unter den Milchreis heben.

Den noch warmen Milchreis in flache ofenfeste Formen verteilen. Diese auf ein Backblech setzen. Das Blech mit Wasser aufgießen, bis die Formen zur Hälfte im Wasser stehen. Im Ofen so lange backen, bis der Milchreis sich goldbraun färbt.

Warm oder kalt mit gehackten Haselnüssen und nach Belieben mit Pistazien und Zimt servieren.

Ayva Tatlısı

QUITTEN IN SIRUP

Quitten sind in der türkischen Küche so selbstverständlich wie Äpfel oder Birnen hierzulande. Die harten und etwas bitteren Früchte lassen sich nicht roh essen, aber durch ihren sehr hohen Pektingehalt sind sie bestens zur Herstellung von Marmeladen geeignet. Auch als süße Nachspeise machen sie sich hervorragend.

Für 6 Personen

ZUTATEN

3 große Quitten
400 g Zucker
Saft von ½ Zitrone
1 Zimtstange
6 Nelken
100 g Kaymak (s. S. 29)
gehackte Pistazien zum Garnieren

Die Quitten waschen, schälen, halbieren und entkernen. Mit der Schnittfläche nach oben in einen großen Topf geben und mit 1 Liter Wasser aufgießen. Bei hoher Temperatur aufkochen.

Den Zucker auf den Quittenhälften verteilen. Zitronensaft, Zimtstange und Nelken zugeben und das Ganze noch einmal aufkochen. Dann die Hitze reduzieren und die Quitten 1½–2 Stunden köcheln lassen.

Jeweils 2–3 Esslöffel des entstandenen Sirups auf einen flachen Teller geben und eine Quittenhälfte darauf platzieren. Mit 1 Esslöffel Kaymak und gehackten Pistazien garnieren und sofort servieren.

Kurabiyeler

PLÄTZCHEN

Un Kurabiye

MEHLPLÄTZCHEN

Für etwa 60 Plätzchen

ZUTATEN

225 g Butter
160 g Puderzucker
350 g Weizenmehl plus etwas für die Arbeitsfläche
1 Pck. Bourbon-Vanille
1 TL Backpulver
Puderzucker zum Bestäuben

Die Butter in einem kleinen Topf bei niedriger Temperatur zum Schmelzen bringen.

In einer Schüssel Puderzucker und Butter cremig rühren. Mehl, Bourbon-Vanille und Backpulver zugeben und mit den Händen zu einem festen Teig verkneten.

Den Backofen auf 160 °C vorheizen. Den Teig auf einer bemehlten Arbeitsfläche etwa 1,5–2 Zentimeter dick ausrollen. Mit einem scharfen Messer rautenförmig einschneiden. Die Plätzchen auf einem mit Backpapier belegten Blech verteilen. Wer mag, kann auch aus dem Teig eine Rolle machen und runde Scheiben abschneiden.

Die Plätzchen 15–20 Minuten backen. Aber Vorsicht: Sie dürfen nicht braun werden. Sobald die Ränder einen Hauch von Farbe bekommen, das Gebäck aus dem Ofen nehmen und sofort mit Puderzucker bestäuben.

In einer Dose sind die Plätzchen mehrere Wochen haltbar.

Acıbadem Kurabiye

MANDELMAKRONEN

Für 10–15 Makronen

ZUTATEN

350 g Zucker
200 g fein gemahlene Mandeln
200 g Eiweiß (von 4–5 Eiern)
10–15 geschälte Mandeln

Den Backofen auf 130 °C vorheizen. Den Zucker in einen breiten Topf geben und mit den gemahlenen Mandeln vermengen. Die Eiweiße zugeben und das Ganze bei mittlerer Temperatur zu einer cremigen Mischung verrühren.

Den Teig in einen Spritzbeutel füllen und auf ein mit Backpapier belegtes Blech Kreise spritzen, die einen Durchmesser von etwa 3 Zentimetern haben. Die Kreise mit jeweils einer Mandel garnieren.

Die Makronen zunächst etwa 30 Minuten bei 130 °C backen. Dann die Temperatur auf 150 °C erhöhen und die Plätzchen für weitere 10 Minuten im Ofen lassen.

Yoğurt Tatlısı

JOGHURTKUCHEN

ZUTATEN

3 Eier
200 g Zucker
250 g Joghurt
90 g Sonnenblumenöl
300 g Weizenmehl
1 Pck. Backpulver
1 Pck. Bourbon-Vanille
Abrieb von 1 Bio-Zitrone
500 g Zucker
Saft von ½ Zitrone

Außerdem:

1 Auflaufform oder
1 Springform (Ø 28 cm)
Butter zum Fetten
der Form

Den Backofen auf 180 °C vorheizen. In einer Schüssel Eier und Zucker mit einem Handrührgerät 5–6 Minuten schaumig schlagen. Joghurt und Öl zugeben und gut verrühren.

Mehl, Backpulver, Bourbon-Vanille und den Zitronenabrieb vermischen und nach und nach unter die Eier heben. Die Zutaten zu einem glatten Teig verarbeiten.

Die Auflauf- oder Springform fetten. Den Teig hineingeben, glatt streichen und etwa 30 Minuten backen, bis er goldbraun ist.

Inzwischen den Sirup zubereiten. Dafür Zucker, 500 Milliliter Wasser und Zitronensaft in einen großen Topf geben. Bei hoher Temperatur den Zucker unter ständigem Rühren auflösen und zum Kochen bringen. Die Hitze reduzieren und den Sirup etwa 15 Minuten weiterköcheln lassen.

Den Kuchen aus dem Ofen nehmen und auskühlen lassen. Mit einem Schöpflöffel den Sirup nach und nach darübergießen, bis er komplett aufgesogen worden ist.

Muhallebi

EINFACHER VANILLEPUDDING

Muhallebi ist die einfachste und klassischste Grundlage für allerlei türkische Desserts und Süßspeisen. Es kommt am ehesten einer simplen Vanillecreme nahe. Man genießt Muhallebi pur oder reichert damit andere Süßspeisen, Gebäcke oder Kuchen an. Die Creme ist unfassbar schnell gemacht und kann mit vielerlei variiert werden.

Für 4 Personen

ZUTATEN

Für den Pudding:

1 l Milch
250 g Zucker
Mark von 1 Vanilleschote
4 EL Speisestärke

Für die Schokosoße:

250 ml Milch
2 EL Kakao
4 EL Zucker
1 EL Weizenmehl

Außerdem:

Kokosraspel zum Garnieren

In einem Topf Milch und Zucker bei mittlerer Temperatur unter ständigem Rühren zum Kochen bringen. Die Hitze reduzieren und das Vanillemark zugeben.

In einer Schüssel die Speisestärke mit einem Schöpflöffel der heißen Vanillemilch vermengen und zu einer homogenen Masse aufschlagen. In die Milch einrühren und 5 Minuten weiterrühren. Den Topf vom Herd nehmen.

Den Pudding auf Dessertschalen oder Gläser verteilen. Auskühlen lassen und anschließend in den Kühlschrank stellen. Kalt servieren oder weiterverarbeiten.

Für die Schokosoße ähnlich verfahren: Milch, Kakao und Zucker unter Rühren aufkochen, dann die Hitze reduzieren. In einer Tasse das Mehl mit einigen Löffeln der Kakaomilch verrühren, dann die Mischung in den Topf geben und die Soße unter ständigem Rühren etwa 5 Minuten köcheln lassen. Auf dem Pudding verteilen und kalt werden lassen. Zum Servieren mit Kokosraspeln garnieren.

Boza

FERMENTIERTE HIRSE

Boza ist ein leicht alkoholisches, süßlich-prickelndes Getränk aus Hirse, das ähnlich wie Bier fermentiert wird. In der Türkei schätzt man es – trotz seines Alkoholgehalts – als wärmendes Wintergetränk.
Im Osmanischen Reich war die Boza-Produktion ein wichtiges Handelsgewerbe und es wurden viele Brauereien und Trinkhallen, sogenannte Bozahâne, errichtet. Die berühmteste Bozahâne existiert in Istanbul: Die „Vefa Bozacısı" stellt nicht nur eines der besten Istanbuler Bozas her, auch Mustafa Kemal Atatürk soll dort das Getränk genossen haben. Dieses Rezept ist das Original-Rezept des Lokals.

ZUTATEN

600 g Hirse
120 g Reis
600 g Zucker
21 g Hefe (für die erste Herstellung; danach kann man ähnlich wie beim Joghurt einfach 1 EL des „alten" Boza verwenden)

Hirse und Reis über Nacht in reichlich Wasser einweichen. Das Einweichwasser abschöpfen und beides in einem Topf in frischem Wasser so lange kochen, bis alles weich ist. Das übrige Wasser abschütten.

Die Hirse-Reis-Mischung in einer Schüssel pürieren und durch ein feines Sieb in einen großen Topf passieren. Das Mus auf niedriger Stufe erhitzen und zum Kochen bringen. Den Zucker einrühren, bis er sich vollständig aufgelöst hat. Den Topf vom Herd nehmen und das Mus lauwarm werden lassen.

Die Hefe in eine kleine Schüssel bröckeln, einige Löffel der Hirse-Reis-Mischung zugeben und die Hefe darin auflösen. In den Topf geben und gut umrühren. Den Deckel aufsetzen und den Topf bei Raumtemperatur 2–3 Tage ruhen lassen. Die Masse ist fertig, wenn sich kleine Bläschen bilden.

Wenn gewünscht, in sterile Flaschen umfüllen und im Kühlschrank lagern. Kalt mit gemahlenem Zimt und gerösteten Kichererbsen servieren. Boza hält sich 2–3 Tage.

Register

G

H

I

J

K

Yelda Yilmaz war schon früh begeisterte Analogfotografin und studierte Fotografie und Visuelle Kommunikation/Medien an der HfBK in Hamburg.
Als freie Fotografin kocht und backt sie am liebsten, trifft neue Menschen, besucht fremde Orte und füllt damit Bücher. 2014 rief sie den Hamburger Food Swap ins Leben, bei dem sich die unterschiedlichsten Menschen treffen, um bei einem gemeinsamen Abendbrot Rezepte und Selbstgemachtes zu probieren und zu tauschen.

Danke.

Nach einem Jahr wunderschöner und gleichzeitig anstrengender Arbeit an diesem Buch möchte ich mich auch unbedingt bei allen Menschen bedanken, die mich auf meinem Weg unterstützt haben.

Der größte Dank gebührt meiner Mutter. Ohne Deine Unterstützung, Deine Hilfe beim Zubereiten der Gerichte, Deinen seelischen Beistand und Deine große Liebe gäbe es dieses Buch nicht. Danke – und das sage ich Dir viel zu selten –, dass du meine Mama bist.
Danke Mama und Papa, dass Ihr die besten Eltern der Welt seid, mich in allem bekräftigt, manchmal auch mal kritisch seid, aber immer an mich glaubt und mir Kraft gebt.

Lieber Tolga, Du bist der beste Bruder, den es gibt, und auch Dir danke ich für Deine grenzenlose Unterstützung.

Ein großes Dankeschön an Dich, liebe Pola, weil du mir sowohl seelisch als auch während der ersten Shootingtage so zur Seite standest und mir den Rücken frei gehalten hast. Danke dir Marike, dass du mich bei meiner ersten Reise nach Istanbul begleitet, mir assistiert und meinen Stress ertragen hast!

Ganz besonderer Dank geht auch an meine Freunde:
Johanna, ich danke Dir, dass Du immer für mich da bist, mich immer und in allem bestärkst – vor allen Dingen darin, an mich zu glauben.
Lena, danke für Deine inzwischen jahrzehntelange Freundschaft und Loyalität, dass auch Du mir immer mit Rat und Tat zur Hilfe eilst und mir bei dem Vorwort geholfen hast!
Hannes, es ist schön, dass es Dich gibt. Danke, dass du immer weißt, was gut und was falsch ist, meine Texte korrigierst und auf Herz und Nieren prüfst. Und auch, weil Du mich immer bekräftigt hast, daran zu glauben, dass dieses Buch wunderbar wird.
Charlotte, vielen Dank dafür, dass Du mir jedes Mal mit Deiner Erfahrung als (talentierteste) Fotografin und Deiner Geduld zur Seite stehst. Und natürlich für das wunderbare Foto, das Du von mir gemacht hast!

Ein riesen Dankeschön an Dich Johanna (Meier), Jörn, David und Flo für Eure Unterstützung. Ihr seid toll.
Uygar, Fazilet, Sinan ve Akif; Istanbul'da benim her zaman yanımda olduğunuz için çok teşekkür ederim.

Liebe Sinni, liebe Tina und liebe Ini, vielen Dank auch Euch, weil Ihr mit Eurer einzigartigen Keramik viel zu diesem Buch beigetragen und die Rezeptbilder so besonders gemacht habt.

Liebes Team von prolightrent, ich danke euch, weil ihr mir Euer Equipment zur Verfügung gestellt habt!

Und natürlich – last but not least – vielen Dank an das ganze Team im Hölker Verlag, ganz besonders Dir, liebe Sophie, vielen Dank für Deine Unterstützung, Deine Geduld, die unzähligen Stunden Telefonate und E-Mails. Ich war sicher nicht einfach und manchmal ein Dickkopf!
Liebe Lisa, danke Dir, dass Du mit der Idee für dieses Buch auf mich zugekommen bist!

Quellenverzeichnis

Orhan Veli Kanık, Ich höre Istanbul.
Aus: Orhan Veli Kanık, Fremdartig/ Garip.
Gedichte in zwei Sprachen.
Herausgegeben, übersetzt und mit einem Nachwort versehen von Yüksel Pazarkaya.

Kai Strittmatter, *Auszug aus:*
Gebrauchsanweisung für Istanbul.
Erschienen in der Reihe *Piper Gebrauchsanweisungen.*

FSC MIX Aus verantwortungsvollen Quellen FSC® C022120

5 4 3 2 1   21 20 19 18 17
ISBN 978-3-88117-141-0

Rezepte und Fotografie: Yelda Yilmaz, www.yeldayilmaz.de
Autorenfoto: Charlotte Schreiber, www.charlotteschreiber.com
Keramik: Sinikka Harms (www.sinikkaharms.de), Tina Kami (www.uglyducky.com), Ini Neumann (wearestudiostudio.com)
Layout und Satz: Gesa Sander, www.gesasander.de
Lektorat: Brigitte Lotz
Redaktion: Sophie Schwaiger
Litho: FSM Premedia, Münster, Birgit Depenbrock

www.hoelker-verlag.de